编 委 会

主　任：余其俊　曾凡银

副主任：曹林生　沈跃春　孙荣传　郑　可
　　　　宋世俊

委　员（按姓氏笔画，排名不分先后）：

　　　　马　志　韦　国　孙　立　朱　政

　　　　江　海　吴贻伙　张晓健　吴椒军

　　　　陈宝红　贾晓清　曹树青　盛钧俣

　　　　程惠英

主　编：吴椒军　曹树青

副主编：江　海　盛钧俣　马　志

民法典走近你我他

物权编

MINFADIAN ZOUJIN NI WO TA
WUQUAN BIAN

《民法典走近你我他》编委会/编

全 国 百 佳 图 书 出 版 单 位
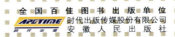
时代出版传媒股份有限公司
安徽人民出版社

图书在版编目（CIP）数据

民法典走近你我他 . 物权编 /《民法典走近你我他》编委会编 .
-- 合肥 : 安徽人民出版社 , 2021.8

ISBN 978-7-212-11165-6

Ⅰ . ①民… Ⅱ . ①民… Ⅲ . ①物权法—中国—通俗读物

Ⅳ . ① D923.04

中国版本图书馆 CIP 数据核字 (2021) 第 146641 号

民法典走近你我他　物权编

《民法典走近你我他》编委会　编

出 版 人：陈宝红　　　　　　　　　　选题策划：孙　立

责任编辑：汪　峰　　　　　　　　　　责任印制：董　亮

装帧设计：陈　爽

出版发行：时代出版传媒股份有限公司 http://www.press - mart.com

　　　　　安徽人民出版社 http://www.ahpeople.com

地　　址：合肥市政务文化新区翡翠路 1118 号出版传媒广场八楼　　邮编：230071

电　　话：0551-63533258　0551-63533259（传真）

印　　刷：安徽联众印务有限公司

开本：635mm×965mm　1/16　　印张：8.5　　　　字数：80 千

版次：2021 年 8 月第 1 版　　　2021 年 8 月第 1 次印刷

ISBN 978 - 7 - 212 - 11165 - 6　　　　　　　定价：25.00 元

前　言

　　《中华人民共和国民法典》（以下简称《民法典》）于 2021 年 1 月 1 日实施，《民法典》被称为"社会生活的百科全书"，是新中国成立以来第一部以"法典"命名的法律，是新时代我国社会主义法治建设的重大成果。《民法典》共 7 编 1260 条，各编依次为总则、物权、合同、人格权、婚姻家庭、继承、侵权责任，以及附则。《民法典》通篇贯穿以人民为中心的发展思想，着眼满足人民对美好生活的需要，对公民的人身权、财产权、人格权等作出明确翔实的规定，并规定侵权责任，明确权利受到削弱、减损、侵害时的请求权和救济权等，体现了对人民权利的充分保障，被誉为"新时代人民权利的宣言书"。

　　《民法典》在中国特色社会主义法律体系中具有重要地位，在法律体系中居于基础性地位，也是市场经济的基本法，是一部固根本、稳预期、利长远的基础性法律，对推进全面依法治国、加快建设社会主义法治国家,对发展社会主义市场经济、巩固社会主义基本经济制度,对坚持以人民为中心的发展思想、依法维护人民权益、推动我国人权事业发展,对推进国家治理体系和治理能力现代化,都具有重大意义。

习近平总书记在 2020 年 5 月 29 日十九届中央政治局第二十次集体学习时发表重要讲话时指出:"民法典系统整合了新中国 70 多年来长期实践形成的民事法律规范,汲取了中华民族 5000 多年优秀法律文化,借鉴了人类法治文明建设有益成果,是一部体现我国社会主义性质、符合人民利益和愿望、顺应时代发展要求的民法典,是一部体现对生命健康、财产安全、交易便利、生活幸福、人格尊严等各方面权利平等保护的民法典,是一部具有鲜明中国特色、实践特色、时代特色的民法典。""民法典调整规范自然人、法人等民事主体之间的人身关系和财产关系,这是社会生活和经济生活中最普通、最常见的社会关系和经济关系,涉及经济社会生活方方面面,同人民群众生产生活密不可分,同各行各业发展息息相关。民法典实施得好,人民群众权益就会得到法律保障,人与人之间的交往活动就会更加有序,社会就会更加和谐。"

习近平总书记就《民法典》的贯彻实施提出殷切期望:民法典要实施好,就必须让民法典走到群众身边、走进群众心里。日前,中共中央、国务院印发通知,转发《中央宣传部、司法部关于开展法治宣传教育的第八个五年规划(2021—2025 年)》,

该项"八五"普法规划强调了六个方面的普法重点，其中明确要求"突出宣传民法典，让民法典走到群众身边，走进群众心里"；还决定实施"公民法治素养提升行动"，落实公民终身法治教育制度，把法治教育分别纳入干部、国民和社会教育体系，从日常行为抓起，让群众在实践中养成守法习惯。同时，引导群众形成自觉守法的意识，养成遇事找法的习惯，培养解决问题靠法的意识和能力。

为贯彻习近平总书记关于《民法典》的重要讲话精神，同时为"八五"普法工作尽微薄之力，本书编委会组织编写了《民法典走近你我他》丛书，本着通俗易懂、生动活泼的可读性初衷，从《民法典》的时代性和适用性出发，突出《民法典》的新规范，贴近老百姓的新生活，以问题为导向，以案例为实景，以法条为准绳，以个案析法理，以法理明规则。为了提升《民法典》的宣传普及效果，增加信息容量，安徽省律师协会组织了20余位有着丰富法治实务经验的律师以视频说案方式，使得本书音形并茂、动静结合，充分满足不同群体的学习方式、习惯和要求，努力达到最佳的法治宣传和普及效果。

目　录
CONTENTS

第一章　物权通则

第二章　所有权

第三章　用益物权

第四章　担保物权

第五章　占　有

第一章　物权通则

1. 大甲、小甲共同出钱买房，后来大甲单独将房屋出卖并过户给他人，小甲可要求他人返还房屋吗？

• 案例

大甲、小甲为父子关系，小甲外出务工，大甲在老家独自生活。考虑到在农村生活不便，大甲和小甲共同出钱，在开发区购买了一套小房子，并将房屋登记在大甲的名下。后来，大甲通过中介机构将房屋卖给了乙，并办理了过户登记手续，将房屋过户到了乙的名下。小甲得知父亲大甲出卖房屋的事情极力反对，认为自己曾出资买房，房屋实为自己与父亲大甲共有，大甲单独处分房屋未经自己同意，属于无权处分，乙不能取得该房屋，故要求乙退还房屋。那么，小甲有权要求乙退还房屋吗？

• 结论

小甲无权要求乙退还房屋。

• 分析

大甲和小甲共同出钱买房,实为房屋的共有人,对于共有的房屋,大甲不得私自出卖给他人,应当经小甲的同意,否则大甲为无权处分人,房屋买受人乙不能依法取得该房的所有权。但买受人乙买房时,不知道该房屋为大甲、小甲共有,大甲为房屋的登记名义人,乙基于对该登记的信赖而与大甲签订了房屋买卖合同,属于善意的买受人,乙善意、有偿取得该房屋所有权的合法权益受到法律保护。对房屋共有人的小甲的损失,由擅自处分共有财产的大甲予以赔偿。

大甲与乙依法办理了房屋过户登记手续,将房屋过户到了乙的名下,乙自名字记载于不动产登记簿时取得了房子的所有权,成为房屋的合法所有人,故小甲无权要求乙退还房子。

⚖ 法律依据

《民法典》第二百一十四条 不动产物权的设立、变更、转让和消灭,依照法律规定应当登记的,自记载于不动产登记簿时发生效力。

《民法典》第三百一十一条 无处分权人将不动产或者动产转让给受让人的,所有权人有权追回;除法律另有规定外,符合下列情形的,受让人取得该不动产或者动产的所有权:

(一)受让人受让该不动产或者动产时是善意;

（二）以合理的价格转让；

（三）转让的不动产或者动产依照法律规定应当登记的已经登记，不需要登记的已经交付给受让人。

受让人依据前款规定取得不动产或者动产的所有权的，原所有权人有权向无处分权人请求损害赔偿。

---

2. 一人将房屋先后抵押给多人，谁能取得抵押权？

• 案例

甲有 A 房，欲做生意，向乙借了 20 万元人民币，约定一年后偿还，并将 A 房抵押给乙，签订了抵押合同。后来，甲又向丙借了 15 万元人民币，约定一年后偿还，并将 A 房抵押给丙，签订了抵押合同并于当日办理了抵押登记手续。一年后，乙、丙先后多次向甲要求还款，但都被甲以各种理由推托。经查，甲经营惨淡，早已血本无归、负债累累，乙、丙十分生气，同时主张行使抵押权，变卖甲的房子，并要求甲将卖掉房子的钱优先赔偿给自己。那么，谁才是真正的抵押权人，可就甲房屋的变价优先受偿？

• 结论

丙取得了抵押权，可就甲房屋的变价优先受偿。

• 分析

房屋抵押权的设立以登记为条件，约定以房屋作抵押的，完成了房屋抵押登记手续，房屋的抵押权设立。本案中，甲、乙未办理抵押登记手续，乙未取得房屋的抵押权。反之，甲、丙办理了抵押登记手续，丙取得了房屋的抵押权，有权要求甲将卖掉房子的钱优先赔偿给自己。

同时，根据合同的成立生效与物权的变动相区分的原则，不动产物权的变动一般只能在登记时生效，依法成立生效的合同也许不能发生物权变动的结果，所以，当事人双方合法订立了合同后，合同就已经成立并生效，但是若没有办理法定的登记手续，物权就不发生变动。对于乙，虽然他先和甲订立了抵押合同，但未依法办理抵押登记，所以乙未取得抵押权，但乙可基于有效的抵押合同向甲主张违约责任。

就本案而言，甲和乙、甲和丙签订的抵押合同就签订完成之时起生效，但是不动产抵押权的设立，未办理法定的登记手续，不产生物权变动的法律效果，而甲、乙没有办理抵押登记，乙未取得房子的抵押权，但不影响甲、乙抵押合同的生效；而甲、丙的抵押合同自签订完成之时起生效，两人又办理了房子抵押权的登记手续，丙就此取得房子的抵押权，成为房子的抵押权人。

⚖ 法律依据

《**民法典**》**第二百一十五条** 当事人之间订立有关设立、变更、转让和消灭不动产物权的合同，除法律另有规定或当事人另有约定外，自合同成立时生效；未办理物权登记的，不影响合同效力。

《民法典》第四百零二条　以本法第三百九十五条第一款第一项至第三项规定的财产或者第五项规定的正在建造的建筑物抵押的，应当办理抵押登记。抵押权自登记时设立。

---

3. 两人签订房屋买卖合同，后来房屋却登记于其他人名下，购房人能够申请变更登记或异议登记吗？

• 案例

甲将自己名下的房子卖给乙，签订了买卖合同，并于当日收取了乙的购房款，约定在下星期办理房屋过户登记手续。几天后，甲意外去世，甲名下的房子登记在其法定继承人——甲的配偶丙的名下，乙得知甲意外去世的事情后，找到丙，要求丙将房子过户在自己的名下，丙不同意，乙欲找不动产登记机构将房子的主人改为自己。那么，乙申请更正登记能获得登记机关的支持吗？或者乙对不动产的登记簿上记载的权利人有异议，乙能对此申请异议登记吗？

• 结论

不动产登记簿记载事项无误，乙申请更正登记不能成立，但可办异议登记。

- **分析**

申请更正登记,应当经不动产登记簿的权利人书面同意或申请人有证据证明登记确有错误,登记机构才会予以更正,而要申请异议登记的前提是在申请更正登记后,申请更正登记的条件不成立,利害关系人可以申请异议登记。

本案中,甲将自己名下的房子卖给乙,两人的买卖合同自签订之日起生效,但未办理过户登记手续,房屋的所有人仍然是甲,甲去世后,他的妻子丙依法继承房子,成为了房子的主人,又完成了权利人变更登记,丙成为不动产登记簿上的权利人,所以,不动产登记簿上记载的事项并无不当,乙不能申请更正登记。而在乙申请更正登记后,更正登记不成的,可申请异议登记。

⚖️ 法律依据

《民法典》第二百二十条 权利人、利害关系人认为不动产登记簿记载的事项错误的,可以申请更正登记。不动产登记簿记载的权利人书面同意更正或者有证据证明登记确有错误的,登记机构应当予以更正。不动产登记簿记载的权利人不同意更正的,利害关系人可以申请异议登记。登记机构予以异议登记,申请人自异议登记之日起十五日内不提起诉讼的,异议登记失效。异议登记不当,造成权利人损害的,权利人可以向申请人请求损害赔偿。

4. 新的购房政策导致购房合同无法履行, 购房人有权解除合同吗?

• **案例**

甲看中某房地产开发有限公司的一套商品房, 与公司签订了商品房预售合同, 办理了商品房预售合同备案登记手续。后来由于购房新政的出台, 导致甲的购房贷款无法发放, 甲欲解除与该公司的商品房预售合同, 但房地产公司认为无法获得贷款并非公司过错, 且商品房预售合同已办理了备案登记, 甲不能解除合同, 若甲不能履行该合同, 将承担违约责任。那么甲能解除商品房预售合同吗? 这里面有违约责任的问题吗?

• **结论**

甲可以解除商品房预售合同, 也不承担不能履行合同的违约责任。

• **分析**

预告登记在实务中主要适用于商品房预售的情形, 在办理了预售登记后, 房屋所有人就不得一房多卖, 否则, 房屋所有人违反登记事项做出的处分行为无效, 该规定的设立目的是为了保护买房人的利益, 保证买房人预期利益的实现。同时, 合同订立后由于购房政策的变化, 即因不可归责于当事人双方的事由未能订立商品房担保贷款合同并导致商品房买卖合同不能继续履行的, 买房人可请求解除合同。

在本案中，甲与房地产公司签订了商品房预售合同且办理了合同备案，此时签订的商品房预售合同主要围绕着合同双方未来签订商品房买卖合同的权利义务而设定，后来的商品房预售合同备案登记手续是为了保障甲未来签订购房合同的利益。但由于购房政策的变化，导致甲贷款困难，无法继续履行合同，属于因不可归责于当事人双方的事由而未能订立商品房担保贷款合同的情形，甲可请求解除合同，且不承担违约责任，房地产公司应当将收受的购房款本金及其利息或者定金返还甲。

⚖️ 法律依据

《民法典》第二百二十一条 当事人签订买卖房屋的协议或者签订其他不动产物权的协议，为保障将来实现物权，按照约定可以向登记机构申请预告登记。预告登记后，未经预告登记的权利人同意，处分该不动产的，不发生物权效力。预告登记后，债权消灭或者自能够进行不动产登记之日起九十日内未申请登记的，预告登记失效。

《最高人民法院关于商品房买卖合同纠纷案件适用法律若干问题的解释》第十九条 商品房买卖合同约定，买受人以担保贷款方式付款、因当事人一方原因未能订立商品房担保贷款合同并导致商品房买卖合同不能继续履行的，对方当事人可以请求解除合同和赔偿损失。因不可归责于当事人双方的事由未能订立商品房担保贷款合同并导致商品房买卖合同不能继续履行的，当事人可以请求解除合同，出卖人应当将收受的购房款本金及其利息或者定金返还买受人。

---

5. 甲买下乙的花瓶，约定第二天取走，但第二天乙反悔。甲能基于自己是花瓶的所有人而要求乙将花瓶返还给自己吗？

- **案例**

甲去乙家做客，看上了乙家里收藏的清代花瓶欲购买，乙同意，两人签订了花瓶买卖合同，乙接受了甲的价款，约定甲第二天来取走花瓶。后来，乙后悔将花瓶卖给甲，在甲第二天来取花瓶时主张解除合同，并如数返还甲支付的钱款，但甲不同意，主张自己昨天已买下了花瓶，花瓶已经是自己所有，故反对乙解除合同的主张，要求乙返还花瓶给自己。那么甲能否要求乙返还花瓶呢？

- **结论**

甲未取得花瓶的所有权，不能要求乙返还花瓶。

- **分析**

动产物权变动必须依照法律规定进行交付。交付，是指动产直接占有的转移，即一方按照法律行为的要求，将动产转移给另一方直接占有。只有经过交付，才能够发生动产物权变动的效果，才具有发生物权变动的外部特征，才能够取得动产物权变动的公信力。除法律另有规定外，动产物权变动未经交付，不发生物权变动的法律效果，法律不承认其物权已经发生变动，也不予以保护。

本案中，甲、乙的买卖合同虽然成立且生效，但乙未将动产花瓶交付给甲，两人没有完成动产的交付，那么花瓶上的物权就没有发生变动，花瓶的所有人仍然是乙，甲未取得花瓶的所有权，就无权要求乙返还花瓶。但是两人签订的花瓶买卖合同仍然有效，甲可请求乙继续履行合同，履行交付花瓶的义务，若乙不依买卖合同来交付花瓶，甲可追究乙的违约责任。

⚖ 法律依据

《民法典》第二百零八条　不动产物权的设立、变更、转让和消灭，应当依照法律规定登记。动产物权的设立和转让，应当依照法律规定交付。

《民法典》第二百二十四条　动产物权的设立和转让，自交付时发生效力，但是法律另有规定的除外。

6. 甲将小轿车抵押给乙，后来又卖给了丙，抵押权人乙仍可就小轿车主张抵押权吗？

● **案例**

甲将自己的小轿车卖给丙，两人签订了买卖合同，约定下周支付购车全款并办理机动车所有人变更登记，合同签订后，甲将小轿车交给了丙。几天后，甲的债权人乙因还款日到期，要求甲还债，甲无力还款，乙拿出两人之前签订的借款合同，指出甲曾与自己约定，将小轿车抵押给自己来获取借款（但未办理抵押登记），所以，乙要求甲将小轿车出卖，用获得的价款来还债，但甲告诉乙自己已经将小轿车卖给了丙，小轿车的所有人已不是自己，那么乙能就小轿车主张抵押权吗？

● **结论**

乙不能就小轿车主张抵押权。

● **分析**

抵押人与债权人订立书面抵押合同，抵押合同成立时即产生抵押权设立的效力，只是未办理抵押登记手续，抵押权不具有对抗善意第三人的法律效力。善意第三人，是指不知道也不应当知道法律关系双方的真实情况的其他人。所以，在甲将小轿车卖给丙之前，甲已将小轿车抵押给了乙，乙自抵押合同成立时取得小轿车的抵押权，但是小轿车的抵押权未经登记，不能对抗善意第三人。后来甲与丙签订小轿车的买卖合同，丙在买车时不知道也不应当知道甲、乙之间的抵押合同，丙相对于抵押合同当事人的甲、乙而言是善意第三人。

同时，动产物权的变动，自动产交付时发生效力，对于船舶、航空器和机动车等特殊动产的物权变动，仍然自交付完成时发生效力，只是未经登记，不能对抗善意第三人。丙自甲将车交付给自己时起取得了小轿车的所有权，此时，丙已经是小轿车的所有权人，乙的抵押权就此消灭，所以，乙不能就小轿车主张抵押权，但乙可依有效的抵押合同追究甲履行不能的违约责任。值得注意的是，丙虽然已经取得了小轿车的所有权，但是未办理小轿车所有人变更登记手续，仍然存在着不能对抗善意第三人的风险，所以应当及时办理变更登记手续。

⚖ 法律依据

《民法典》第二百二十四条 动产物权的设立和转让，自交付时发生效力，但是法律另有规定的除外。

《民法典》第二百二十五条 船舶、航空器和机动车等的物权的设立、变更、转让和消灭，未经登记，不得对抗善意第三人。

《民法典》第四百零三条 以动产抵押的，抵押权自抵押合同生效时设立；未经登记，不得对抗善意第三人。

7. 甲将租给丙的电脑卖给了乙，租赁期间，电脑却被丙擅自卖给了丁，乙能够从丁处要回电脑吗？

- **案例**

甲将电脑租给丙使用，在租期届满前，甲又将电脑出卖给了乙，约定乙于租期届满后在丙那里拿回电脑。租期届满后，乙找丙拿电脑，但丙告诉乙，自己已经把电脑卖给了丁，原来，丙在租赁期间，经常带着电脑上班，同事丁见丙的电脑十分好用，提出买下电脑，丙一口答应，两人一手交钱，一手交货。那么，最终谁是电脑的所有人，乙能要回电脑吗？

- **结论**

丁是电脑的所有人，乙不能要回电脑。

- **分析**

第一，交付是动产物权转移的必备条件，但法律另有规定的除外。而法律另有规定的除外条款就包括第二百二十七条所规定的观念交付——指示交付，即动产由第三人占有时，依当事人协议，出让人将其对第三人的占有返还请求权让与受让人，以代替对标的物的现实交付，即在出让人转让对第三人的占有返还请求权时，双方当事人完成了动产的交付，受让人取得了动产的所有权。本案中，甲与乙达成了电脑买卖的合意，自甲告诉乙于租期届满后在丙那里拿回电脑时，甲便将对丙的占有返还请求权转让给了乙，完成了动产的观念交付，乙此时成为电脑的所有人。

第二，在动产交付采用占有改定模式的情况下，动产仍然处于第三人的占有之下，为了维护交易安全和秩序，对于因信赖第三人权利外观而与之交易的其他人，可通过善意取得制度来取得该动产的所有权。这里所讲的善意取得，是指无权处分人将动产转让给其他人，其他人受让时不知道也不可能知道转让人为无权处分人，则依法即时取得该动产的所有权。本案中，电脑在法律上处于由乙所有、由丙占有的状态。在丙占有电脑期间，丁见丙电脑十分好用而提出购买时，丁不知道也不应该知道电脑不是丙所有，两人一手交钱、一手交货后，丁便通过善意取得制度取得了电脑的所有权，成为电脑的所有人。此时，乙对电脑的所有权便归于消灭，乙可基于占有返还请求权被侵害为由向丙主张侵权责任。

⚖️ 法律依据

《民法典》第二百二十四条　动产物权的设立和转让，自交付时发生效力，但是法律另有规定的除外。

《民法典》第二百二十七条　动产物权设立和转让前，第三人占有该动产的，负有交付义务的人可以通过转让请求第三人返还原物的权利代替交付。

8. 甲将手串卖给乙，约定由甲先把玩几天。后来甲擅自将手串卖给了丙，那么乙可以从丙处要回手串吗？

● **案例**

乙在朋友甲家做客时，见甲手上把玩的串子十分漂亮，商量以 1000 元买下，甲同意，乙于是将 1000 元交给了甲，但甲请求乙将串子先放在自己这里让自己再多把玩几天，乙同意并约定自己一个星期后来取。三天后，同事丙看见甲把玩的串子非常好看，便与甲交谈手串的事情，了解到甲曾将手串以 1000 元的价格卖给了乙，丙十分惋惜，提出自己愿以 2000 元的价格买下手串，甲当即同意，丙交付了价款，甲将手串交给了丙。后来乙到期来取手串，甲告诉乙自己已经将手串卖给了他人，提出自己将 1000 元还给乙，但乙十分生气，要求甲把手串要回来，甲不愿意，乙便找到丙，要求丙返还手串。那么乙可以要回手串吗？

● **结论**

乙可以要回手串。

● **分析**

动产物权的变动，原则上自交付时发生效力，但法律另有规定的除外。法律另有规定的除外条款包括关于动产观念交付的法律规定，详见《民法典》第 226—228 条的规定，其中第 228 条规定了动产观念交付的形式之一——占有改定。

占有改定，是指在转让动产物权时，转让人希望继续占有该动产，当事人双方订立合同并约定转让人可以继续占有该动产，而受让人因此取得对标的物的间接占有以代替标的物的实际交付。以此方式取得实现的所有权的转移仅仅是在当事人的观念中完成的，自双方当事人达成占有改定的合意时即发生物权变动。但由于第三人在外观上察觉不到所有权的转移，对于因信赖出让人直接占有动产这一事实，而与之交易的第三人就要通过善意取得制度来予以保护。

本案中，乙、甲已经达成了手串买卖合同，当甲请求乙将串子先放在自己这里让自己再多把玩几天时，产生了如下法律效果：甲可以继续占有该动产，而受让人乙因此取得对标的物的间接占有以代替标的物的实际交付，可见两人此时已经完成了动产的交付，即观念交付——占有改定，此时，乙即取得了手串的所有权。而后，甲将手串卖给丙，是无权处分行为，丙为善意第三人方可取得手串所有权，但丙已经得知手串所有权转移的事实，不是善意第三人，丙不能取得手串的所有权，所以乙可以要求丙返还手串。

⚖ 法律依据

《民法典》第二百二十四条　动产物权的设立和转让，自交付时发生效力，但是法律另有规定的除外。

《民法典》第二百二十八条　动产物权转让时，当事人又约定由出让人继续占有该动产的,物权自该约定生效时发生效力。

---

9. 两人签订房屋买卖合同并交付后出让人死亡,出让人的法定继承人能基于对房屋的所有权要求买受人搬离房屋吗?

- **案例**

甲欲购买乙的房子,两人签订了房屋买卖合同,并约定下一周办理房子的过户登记手续,乙将房子的钥匙交给了甲,甲搬进了房内居住。两天后乙意外死亡,甲得知此事后,找到乙的家人,要求乙的家人办理房屋过户登记手续,可是乙的家人不同意,并主张退还甲的购房款,要求甲搬出房子,那么,谁的主张能够得到支持?

- **结论**

乙的家人应当继续办理房屋过户登记手续,不能要求甲搬出房屋。

- **分析**

不动产物权变动必须依照法律规定进行登记,只有经过登记,才能够发生物权变动的效果,但法律另有规定的除外,这里的除外情形就包括应继承取得的物权,自继承开始时发生效力。本案中,甲和乙签订了房屋买卖合同,但未办理登记手续,所以甲未取得房屋的所有权。后来乙死亡，乙的法定继承人——乙的家人继承了乙的房子，依据法律规定，乙的家人于乙死亡时取得了房子的所有权。

无权占有不动产或者动产的，权利人可以请求返还原物。返还原物请求权，是指物权人对于无权占有标的物之人的请求返还该物的权利，即权利人只能向没有法律根据而侵占其所有物的人，即非法占有人请求返还。如果非所有权人对所有权人的财产的占有是合法占有，对合法占有人在合法占有期间，所有权人不能请求返还原物。本案中，乙的家人于乙死亡时取得了房子的所有权。需要注意的是，法定继承是继承人概括承受被继承人权利和义务的法律制度，乙的家人在继承房屋所有权的同时，也要负担乙曾经所承担的义务，即办理房屋过户登记手续，转移房屋所有权。所以，乙的家人作为乙的法定继承人，应该继续履行乙生前的义务，为甲办理房屋过户登记手续，同时，乙的家人自乙死亡时，取得房屋所有权，成为房屋所有人，但甲是基于房屋买卖合同而合法占有该房，是合法占有，所以，乙的家人不能要求甲搬出房屋。

⚖ 法律依据

《民法典》第二百零九条　不动产物权的设立、变更、转让和消灭，经依法登记，发生效力；未经登记，不发生效力，但是法律另有规定的除外。

依法属于国家所有的自然资源,所有权可以不登记。

《民法典》第二百三十条　因继承取得物权的,自继承开始时发生效力。

《民法典》第二百三十五条　无权占有不动产或者动产的,权利人可以请求返还原物。

---

10. 一人占有之物被抢走,他要求返还该物的法律依据有哪些?

• 案例

甲拿着太阳伞走在路上,突然太阳伞被乙一把抢了过去。甲很生气对乙说:"把我的太阳伞还给我!"乙调侃道:"你凭什么说太阳伞是你的?"甲听了更生气但也很困惑,虽说太阳伞本是自己的,但要予以证明确不容易,因为太阳伞已经用了很久了,在哪里买的,怎么买的,买了多少钱,票据在哪里?甲已经不记得了。那么甲可基于什么权利迅速快捷地要求乙返还太阳伞?

• 结论

甲可基于自己先前对伞的占有状态被侵犯为由行使占有人返还原物请求权,要求乙返还太阳伞。

● 分析

物权人可要求无权占有人返还原物,可见返还原物请求权是指物权人对于无权占有标的物之人的请求返还该物的权利。同时,占有人对标的物的占有状态被侵害的,占有人有权请求返还原物、排除妨害和消除危险,由此遭受损害的,占有人可请求赔偿。可见,占有人对标的物的占有状态受到法律的保护。占有是人对物进行支配的客观事实而非一项法律上的权利,但为了维护社会的和平和秩序,法律对既存的占有事实进行保护,而且保护手段与对物权的保护手段基本相同。

本案中,对于乙抢走甲太阳伞的行为,甲一方面可基于对雨伞的所有权而对无权占有人乙主张返还原物请求权,或者基于自己对雨伞的占有状态被侵害而向乙主张占有返还请求权。当甲主张返还原物请求权时,需要证明自己对伞的权利,即自己为伞之所有人,这是比较困难和费时的,所以甲可直接基于自己先前对太阳伞的占有而行使占有返还请求权,要求乙返还太阳伞。

⚖ 法律依据

《民法典》第二百三十五条 无权占有不动产或者动产的,权利人可以请求返还原物。

《民法典》第四百六十二条 占有的不动产或者动产被侵占的,占有人有权请求返还原物;对妨害占有的行为,占有人有权请求排除妨害或者消除危险；因侵占或者妨害造成损害的，占有人有权依法请求损害赔偿。

第二章　所有权

11. 向村民委员会要求公开集体财产状况未果，该如何维权？

• 案例

乙村是一个盛产土豆的村子，每年有很多商贩来采购，村子里的领导干部也比较靠谱，将村务信息公开透明地展示，这样每年靠生产外销土豆，村子里的人变得富裕起来。几年下来，领导干部们想了一个促进新农村建设的新办法，因为村子靠近水源，可以集体开辟水产养殖，顺便促进农家乐经营，为村子百姓生活再添色彩。说干就干，村委会及相关干部们热情满满，依靠政府扶持和自身努力，乙村的经济瞬间活了起来，原来一个依山傍水的小村落逐渐靠旅游度假有了较好的可持续非劳作经济来源，每年村集体进行分红的时候，村委会经济账目也明了清晰。又过了两年，村里的干部突然不再公布村里联合经营的水产养殖和农家乐的收支明细，村民们也感到分红愈发变少，大家很疑惑，明明这一年旅游人数在增多，消费也向好，村民们在闲聊时发现了这一问题，于是村民甲联合着其余十五位村民向村委会提出了要其公开这一年集体财产状况的具体明细，但是村委会始终不愿公开，几经三番之后依旧没有结果，但是看着自己一年的经营成果受到侵害，大家实在气不过。请问村民甲要怎么维护自己的权利？

• **结论**

甲及十余位村民可以经合规公开程序请求查阅相关文件，若仍未获公开，其可以寻求司法救济。

• **分析**

本案中乙村村委会不公开村务的做法是侵犯村民的知情权的，根据《民法典》第二百六十四条关于知情权的规定，乙村的村集体即村委会应该合乎规定的向本集体成员公开自己村子集体财产的情况，若村委会不公开，甲及十余位村民可以经合规公开程序请求查阅相关文件。

本条后段系新增加的内容。在农村集体经济组织或者村民委员会、村民小组未履行集体财产公布义务的情况下，赋予集体经济组织成员以查阅、复制权。如果集体经济组织成员的查阅、复制权受到侵害，即集体经济组织拒绝集体成员查阅、复制，集体成员当然可以寻求司法救济。

在之前，有的集体经济组织的管理人包括代表集体行使所有权的村民委员会、村民小组等为政不勤，不是尽职尽责地为集体办事，而是以权谋私，挥霍浪费，造成了集体财产巨大的损失，损害了广大集体成员的权益。知情权被侵犯，村民们没有明确的法律规定来维护自己的权利，如今《民法典》第二百六十四条的规定极大程度地保证了村民的知情权。公布的财产情况包括：集体财产的收支状况、债权债务状况，所有权转让、抵押的情况，农村集体土地承包、征收补偿费的分配等涉及集体成员利益的重大事项。在公布的要求上，村民委员会至少六个月向本村村民公布一次，接受村民的监督，且要做到及时、真实，本集体成员对于公布的内容，有权进行查询，集体经济组织或者村民委员会、村民小组应当自觉接受查询。

⚖ 法律依据

《民法典》第二百六十四条　农村集体经济组织或者村民委员会、村民小组应当依照法律、行政法规以及章程、村规民约向本集体成员公布集体财产的状况。集体成员有权查阅、复制相关资料。

12. 共有阳台因邻家装修导致我家房屋漏水，该如何维权？

• 案例

甲和乙是某小区的两个业主，3月份，因为甲乙共有的阳台被甲装修使用导致乙家屋顶漏水，房屋墙壁出现发霉、裂缝，地板掉漆，床垫和家具也出现损坏的情况，双方就损害赔偿情况协商，但未达成一致意见。

甲说发生漏水的位置是公共雨水管道，其没有对这个公共管道做出任何大改变，只是在前年的时候，因为自家封筑阳台，水管被水泥包裹在了阳台内部，所以甲认为，如果当年建筑材料掉在里面，那么早都漏水了。后想起来，去年小区物业对整体房屋排查漏水，在打开甲家雨水管道检修的时候，可能将沥青等装修材料掉落在里面了，所以甲怀疑是小区物业公司的原因，不是自己封筑阳台的原因导致其堵塞漏水的。

但小区物业管理公司辩称说房子漏水实则是因为阳台上公共的落水管堵塞造成的，因为这次堵塞发生在乙家落水管靠近天花板的位置，也做到了及时维修，所以自己没有任何的责任，不用赔偿。

对于这种堵塞的原因不知是谁造成的情况下，甲要怎么维护自己的权利？

● 结论

乙在协商未果的情况下，可以向人民法院提起诉讼来救济。

● 分析

法院是解决民间争端的最后一把钥匙。

首先，乙家房屋漏水是真实的，也是由于公用的落水管堵塞漏水导致的。小区物业管理公司本来须按照规定提供检修服务，但是小区物业管理公司没有做到日常的管理义务，久而久之才导致其水管堵塞，所以小区物业管理公司理应为其赔偿一部分损失。

其次，甲因为意外原因将落水管封闭，甲装修的时候没有做妥善处理，导致落水管溢出的水无法正常排出，故小区物业在检修的时候无法发现漏水之处在哪里，不能对落水管这个公共的区域进行检修，这对加剧乙家的房屋和家具等损毁有促进作用，所以甲也需要对这种损失做出一定赔偿。当然乙也可以请求法院判决甲将落水管恢复原状，赔偿损失。

最后，《民法典》第二百七十一条说明了在保护其他业主的正常生活秩序的时候，也要尊重其他业主的权利。业主对专有部分所有权的规定进一步保证了业主的权利，但是权利和义务是对等的，没有电梯、楼道、走廊，业主无法进入自己的生活空间；没有电表、水箱，居民无法在自己的专有部分进行正常的生产生活，所以专有和共有部分是密不可分、互为一体的。任何业主在享受专有部分权利的同时一定要尽到自己管理、爱护共有部分的义务。也就是《民法典》第二百八十八条所说的，不动产的相邻权利人应当团结互助，正确处理相邻关系。

⚖ 法律依据

《民法典》第二百七十一条 业主对建筑物内的住宅、经营性用房等专有部分享有所有权，对专有部分以外的共有部分享有共有和共同管理的权利。

《民法典》第二百八十八条 不动产的相邻权利人应当按照有利生产、方便生活、团结互助、公平合理的原则，正确处理相邻关系。

---

13. 小区建筑规划下的车位应当优先满足业主需要还是任由小区处置？

• 案例

甲和乙相识于大学，毕业当年就迈入了美好的婚姻生活，后又经过努力打拼，小有积蓄，随后两人四处看房，终于在 2 月 14 日选中并购买了某楼盘一套 95 平方米的商品房。但是开发商由于前期投入成本过高，遂将小区建筑区划内的车位价格定得很高，甲和乙迫于银行还贷压力，最终决定先不购买小区车位，只想租赁使用，以后再作购买打算，但是该楼盘拒绝了两人的要求，说是小区车位只卖不租，那么，根据现行法律规定，该小区车位应该如何归属？业主甲、乙二人是否可以要求租赁使用车位？

- **结论**

在建筑区划内的停车位，业主和开发商应相互协议约定是作购买、附赠还是租赁使用。故此案例中，小区车位只卖不租是符合规定的，业主夫妇不能要求租赁使用车位。

- **分析**

法律规定，位于建筑区内，占用业主共有的道路或者其他场地用于停放汽车的车位，属于业主共有。建筑区划内的车库、车位只有在业主的需求解决之后，才可以向外出售或者出租。何谓首先满足业主的需要，即建设单位按照配置比例将车位、车库，以出售、附赠或者出租等方式处分给业主的，应当认定其符合"应当首先满足业主的需要"的规定。故本案中小区车位只卖不租是符合该规定的。

在本案中，业主甲乙夫妇二人要求作租赁使用的车位属于该楼盘建筑区划内的区域，其必须和开发商协同作购买、附赠或租赁使用约定，若该楼盘开发商坚持只卖不租，其二人也只能遵循其规定，因为开发商只卖不租的做法完全是合乎法律规定的，业主是无法提出强制租赁要求的。

但是如果本案中开发商出租或者出让的是业主共有道路或者其他场地的车位的话，因其不属于开发商所有，是属于业主共有的,那么业主完全可以不支付此笔费用,直接使用。

法律依据

《民法典》第二百七十五条 建筑区划内,规划用于停放汽车的车位、车库的归属,由当事人通过出售、附赠或者出租等方式约定。占用业主共有的道路或者其他场地用于停放汽车的车位,属于业主共有。

《民法典》第二百七十六条 建筑区划内,规划用于停放汽车的车位、车库应当首先满足业主的需要。

14. 小区业主可以改变共有部分的用途或者利用共有部分从事经营活动么?如果可以,那需要满足什么条件?

• 案例

甲取得了某小区的 1204 号房的房产证,该房屋规划用途为居民住宅,甲与乙为上下楼邻居,乙为 1304 房的房主,住宅用途同为居民住宅。随后甲未经有关部门审批同意和相邻业主同意,擅自将其住宅改为多个独立棋牌室,并将棋牌室"高高棋牌室"广告牌挂在 12 楼和 13 楼的外墙上,并 24 小时对外营业,后乙前去劝阻,要求其恢复房屋原本用途,交涉无果,后物业管理公司也前去交涉，要求其停止对外经营活动，恢复原房屋住宅用途，同样没有产生任何效果。

后乙将甲和小区物业公司一起诉诸法院，请求法院判决甲将广告牌拆除，并恢复原1204房间的结构图，将经营性行为立即停止并恢复住宅用途。请问乙是否可以胜诉？若甲想继续经营，须满足什么条件？

● 结论

乙可以胜诉，要求甲恢复，若甲想继续经营，他应该征得所有与"住改商"相关的参与表决专有部分面积四分之三以上的业主且参与表决人数四分之三以上的业主的同意。

● 分析

本案涉及1204号住宅变为经营性用房以及利用共有墙面从事经营活动，其违反了《民法典》第二百七十八条第八项关于"改变共有部分的用途或者利用共有部分从事经营活动"应该经过业主共同决定的规定，以及《建筑物区分所有权解释》第七条关于"改变共有部分的用途、利用共有部分从事经营性活动、处分共有部分应经共同决定"的规定。且根据第二百七十九条不得将住宅改变为经营性用房的规定，结合本案，乙将1204号房改为棋牌室这种"住改商"的做法，其须经全体业主共同决定，另外将广告牌悬挂于共有墙面，也属于利用共有部分从事经营性活动、处分共有部分的行为，也需要经业主共同决定。而甲擅自决定"住改商"，未征得业主及有关部门审批同意，所以乙可以要求其恢复住宅平面结构并恢复住宅用途,拆除广告牌。

若甲想继续经营,根据第二百七十八条第八项的规定,其应该征得所有与"住改商"相关的参与表决专有部分面积四分之三以上的业主且参与表决人数四分之三以上的业主的同意。

本部分意味着业主负有维护住宅建筑物现状的义务,其中包括不得将住宅改变为经营性用房。将住宅改变为歌厅、餐厅、浴池等经营性用房,会干扰其他业主的正常生活,引起邻里不和,引发矛盾,造成公共设施使用的紧张状况,产生安全隐患,使城市规划目标难以实现。故业主不得违反法律、法规以及管理规约,将住宅改变为经营性用房。如果业主要将住宅改变为经营性用房,除了应当遵守法律、法规以及管理规定外,还应当经过有利害关系的业主的一致同意,有利害关系的业主只要有一人不同意,就不得改变住宅的用途。有利害关系的业主,应当根据房屋拟改变的用途的不同、影响范围和影响程度的不同,具体分析确定。不论是否为隔壁的业主,还是相邻或者不相邻的业主,凡是因"住改商"行为用房受到影响的业主,都是有利害关系的业主。

⚖ 法律依据

《民法典》第二百七十八条 下列事项由业主共同决定:

(一)制定和修改业主大会议事规则;

(二)制定和修改管理规约;

（三）选举业主委员会或者更换业主委员会成员；

（四）选聘和解聘物业服务企业或者其他管理人；

（五）使用建筑物及其附属设施的维修资金；

（六）筹集建筑物及其附属设施的维修资金；

（七）改建、重建建筑物及其附属设施；

（八）改变共有部分的用途或者利用共有部分从事经营活动；

（九）有关共有和共同管理权利的其他重大事项。

业主共同决定事项，应当由专有部分面积占比三分之二以上的业主且人数占比三分之二以上的业主参与表决。决定前款第六项至第八项规定的事项，应当经参与表决专有部分面积四分之三以上的业主且参与表决人数四分之三以上的业主同意。决定前款其他事项，应当经参与表决专有部分面积过半数的业主且参与表决人数过半数的业主同意。

《民法典》第二百七十九条 业主不得违反法律、法规以及管理规约，将住宅改变为经营性用房。业主将住宅改变为经营性用房的，除遵守法律、法规以及管理规约外，应当经有利害关系的业主一致同意。

15. 小区物业管理公司在对小区共有部分进行管理的过程中取得的收入归属谁？业主可以分红么？

• 案例

某年 2 月，某小区与乙公司签订了物业管理合同，开始几年乙公司兢兢业业，为小区居民进行服务，但最近两年，由于乙公司的服务和管理人员出现消极怠工现象，小区的绿化、垃圾处理、电梯维护等一系列工作都出现了服务质量差的问题，业主们怨声载道，时常有业主向业主委员会提意见，请求与物业交涉。

2 月 22 日，该小区的业主委员会以对现有乙公司的管理不满为由，经业主大会决议，最终决定更换本小区物业公司，后双方协商草拟移交协议，其间，业主委员会发现乙公司没有将此前三年间利用小区共有部分取得的收入 320 万元纳入移交清单中，故双方进行交涉，但最终没有取得一致意见，后业委员将乙公司告上了法庭，请求法院判决乙公司移交前三年间在管理小区共有部分取得的 320 万元收入。请问物业公司在对小区共有部分进行管理的过程中取得的收入归属于谁？

• 结论

物业公司在对小区共有部分进行管理的过程中取得的收入在扣除合理成本之后，属于业主共有。

• 分析

首先，根据第二百七十三条"业主对建筑物专有部分以外的共有部分，享有权利，承担义务"的规定，小区全体业主对小区共有部分的收益享有共有权。另外，本案所称共有部分的物业管理收益实际为总收入扣除管理成本后的部分，涉及建筑物共有部分收益归属的内容问题，法律明确规定了收入扣除成本后的差额的归属为业主共有，所以乙公司应该将三年间的收益纳入移交清单。物业服务机构将这些收益作为自己的经营收益，侵害全体业主的权利的，构成侵权行为。

该条是《民法典》物权编新增的内容，实践中，小区楼道、电梯内广告天花乱坠，业主不胜其烦，很多设在楼顶等高处的广告牌还容易成为悬在业主头顶的安全隐患。司法实践中部分小区的物业公司为了尽可能地扩大自己的利润空间，也主动招徕广告商在小区内投放广告。这些广告的收益应当归谁所有，为此《民法典》作了明确规定：诸如此类收益，其一方面来源于物业管理公司的管理行为，另一方面其来源于归全体业主所有，小区物业全体业主享有收益权，是一种收益共有权，小区业主理应享有对共有部分收益的共有权，这是一种法定的权利。此时考虑到小区物业管理公司在收益的取得中付出了一定的成本，所以其理应享有一定合理的回报。共有部分的所有权归全体业主共有，产生的收益当然也属于业主共有，这一规定也符合社会实际。

⚖️ **法律依据**

《民法典》第二百八十二条 建设单位、物业服务企业或者其他管理人等利用业主的共有部分产生的收入，在扣除合理成本之后，属于业主共有。

《民法典》第二百七十一条 业主对建筑物内的住宅、经营性用房等专有部分享有所有权，对专有部分以外的共有部分享有共有和共同管理的权利。

《民法典》第二百七十三条 业主对建筑物专有部分以外的共有部分，享有权利，承担义务；不得以放弃权利为由不履行义务。

16. 开发商可以出售小区共有部分的土地吗？

• **案例**

某小区业委会和业主甲在 2020 年 1 月份签订了一份房屋租赁合同，合同内容如下：甲租赁 6 个停车位作为自己在小区经营的洗车场所，一共租赁 10 年，租金 6000 元，租期定为 2020 年 2 月 1 日至 2030 年 2 月 10 日。租赁前期一切正常，直至 2021 年 2 月 3 日，该小区房地产公司和甲签了一份《买卖协议书》，房地产公司将位于小区建筑区划内的从南至北共计 200 平方米绿化带（包括清风桥在内的沿途及桥下区域）的小区内场地出售给甲所有，出售期间为 2020 年 2 月 3 日至 2080 年 2 月 3 日，转让金额为 20 万元。

因为租赁的 6 个停车位正好位于其在小区购买的 200 平方米场地内，所以甲就不再支付停车位每月 6000 元的租金，甲认为自其签订购买合同后，他的租赁合同就自动解除了，不应再付租金。而小区业委会认为其购买的场地全都是绿地、道路、占用道路建设的停车位，按照《物权法》第 73 条和第 74 条第二款的规定，该停车位所在的绿化带属于该小区全体业主共有。所以房地产公司根本没有权利处分该业主共有财产，甲与该小区房地产公司签订的出售合同无效，其应继续付租金。房地产公司认为，桥只是其出资代为建造，已列入市政规划项目，为国家所有，桥下土地及空间属于桥梁的组成部分，亦属于国家所有，所以小区业委会没有权利向甲主张收取租金以及认为自己作为房地产公司没有处分权利。后小区业委会向法院起诉请求判决甲支付租金。请问甲是否还需要缴纳租金？房地产公司对共有部分有处分权么？甲的权利又怎么救济？

• 结论

甲不需要继续缴纳租金，房地产公司对共有部分没有处分权，甲可以请求小区业委会或自行向法院起诉请求判决《买卖协议书》无效。

- **分析**

关于案涉场地权利归属的问题。根据《民法典》第二百七十四条关于区分所有建筑物的道路、绿地和其他公共场所、公用设施以及物业服务用房的规定。只要小区中的道路不是城镇公共道路，就都属于业主共有。案涉场地，在该小区建筑区划内，属于该小区的公共场所，也不属于本条规定的城镇公共道路或者绿地，也没有明示属于个人，所以按照规定其属于该小区全体业主共有。

关于业委会有没有权利主张的问题。该小区的业委会是经过业主代表大会表决授权进行诉讼的，故该业委会的原告主体适格，其完全可以去主张这一涵盖绿化带在内共有部分的权利。

但是反观小区房地产公司非涉案场地的所有权人，无权处分该场地，其与甲签订前述买卖协议后，至今未取得涉案场地的所有权，该小区全体业主作为涉案场地的权利人亦未对其转让行为予以追认，所以其签订的《买卖协议书》无效，法院应支持小区业委会认定其无效的请求。

法律依据

《民法典》第二百七十四条　建筑区划内的道路，属于业主共有，但是属于城镇公共道路的除外。建筑区划内的绿地，属于业主共有，但是属于城镇公共绿地或者明示属于个人的除外。建筑区划内的其他公共场所、公用设施和物业服务用房,属于业主共有。

《民法典》第二百七十七条 业主可以设立业主大会,选举业主委员会。业主大会、业主委员会成立的具体条件和程序,依照法律、法规的规定。

地方人民政府有关部门、居民委员会应当对设立业主大会和选举业主委员会给予指导和协助。

《民法典》第五百零四条 法人的法定代表人或者非法人组织的负责人超越权限订立的合同,除相对人知道或者应当知道其超越权限外,该代表行为有效,订立的合同对法人或者非法人组织发生效力。

- -

17. 小区建筑物及其附属设施维修资金使用应经哪些程序?

• 案例

某小区一共有 2000 家住户,1 月份该小区业委会向多户居民集体筹集了建筑物及其附属设施的维修资金,但是住户一直不知道筹集的维修资金的具体数目,业委会常以备用为名进行筹集。小区投入使用已经有三十年之久,2 月初,有几栋单元楼的外墙出现不同程度的破损,暴雨等恶劣天气下,屋顶有渗水情况，导致多个业主家中墙面出现不同程度的渗水，严重影响了居民生活，且外墙也加剧损毁，甚至墙体还出现一定的物体掉落，对途经小区里的人和车辆带来了一定程度的安全隐患，故有居民向业主大会提出使用小区建筑物及其附属设施的维修资金进行修缮的建议，但是经过业主大会的讨论，始终未能征得所有业主的一致同意。

又过了四个月，破损程度日益加剧，屋顶渗水加重，期间有行人被掉落的墙体物块砸伤。为保证小区居民的安全以及避免雷雨季节带来的屋顶渗水问题，请问该小区是必须经过全体业主同意才能启动维修资金进行修缮么？怎样才可以解决现在的房屋修缮问题？

• **结论**

不是必须经过全体业主同意，小区业委会也可以申请紧急启用维修资金对屋顶和墙体进行修缮。

• **分析**

首先，关于维修资金启动的问题，根据《民法典》第二百八十一条对维修资金性质和使用范围的规定，维修资金属于共有部分，尽管这部分资金是业主购房时交付的，但属于全体业主共有，其他人不得主张权利。此条也明确规定，在紧急情况下需要维修建筑物及其附属设施的，业主大会或者业主委员会可以依法申请使用建筑物及其附属设施的维修资金。

本案中，屋顶和外墙维修属于法定维修资金的使用事项，且因为屋顶和外墙对部分业主造成了极大的安全隐患，并影响了居民的日常生活，所以在此种紧急情况下，无须再经过所有业主的同意，业主大会或者业主委员会可以依法申请使用建筑物及其附属设施的维修资金对破损的墙体和屋顶进行修缮。

另外，关于维修资金使用情况公布的问题，本案中小区业主委员会和业主大会一直未公布维修资金的具体数目，这是违反法律规定的，根据《民法典》第二百八十一条关于维修资金公布的相关规定，该小区的业主委员不仅要妥善使用维修资金，还要采取合法的方式进行定期公布。

⚖ 法律依据

《民法典》第二百八十一条　建筑物及其附属设施的维修资金，属于业主共有。经业主共同决定，可以用于电梯、屋顶、外墙、无障碍设施等共有部分的维修、更新和改造。建筑物及其附属设施的维修资金的筹集、使用情况应当定期公布。

紧急情况下需要维修建筑物及其附属设施的，业主大会或者业主委员会可以依法申请使用建筑物及其附属设施的维修资金。

18. 对乱丢垃圾、违章搭建，小区物业可以采取哪些措施制止？

• 案例

丙市政府下发《垃圾分类处理条例》，全市形成了一股热潮，文件下发到各个街道之后，某小区的物业和业主大会对生活垃圾分类处理进行了较为细致的活动宣传，主要包括召开小区居民动员大会，以"小区是我家，垃圾分类靠大家"为主题，召开社区居委会、物业管理单位、居民楼门组长、党员和居民代表、垃圾分类管理作业单位等参加的动员大会，普及科学垃圾分类知识。鉴于垃圾分类较为烦琐，出现了很多不好的现象，如不分类处理垃圾就直接扔倒，为避免这种现象的再次发生，小区物业调看监控，查找违规行为。

甲是某小区一位业主，他觉得垃圾分类比较费时费力，经常偷偷在夜间下楼将没有分类的生活垃圾直接扔到垃圾箱里，经过小区物业屡次劝告，甲仍旧我行我素，小区负责垃圾站点的志愿者以及垃圾分拣人员只好自行替他作分类处理。请问小区物业如何才能制止甲的恶劣行为？

乙是该小区的另一名业主，他擅自在楼顶的天台搭建了一个小房间，用于存放生活杂物，经其他业主劝告其拆除无效，小区业委会直接对违章搭建的房子进行了拆除，乙要求业委会对其进行赔偿。请问乙的请求能够得到支持么？

- **结论**

本案中,对于甲违反垃圾分类处理的做法,小区业主大会或者业委会可以强制制止其违法丢弃垃圾的行为,若甲继续乱扔垃圾,小区相关人员可以向负责管辖该小区生活垃圾处理的行政主管部门报告或者投诉,要求有关机关部门依法处理。

乙应该拆除其搭建的违章建筑,同样,若乙拒不履行,小区相关当事人可以向行政主管部门举报,要求其依法处理。

- **分析**

首先,关于甲乙的行为是否违反法律规定的定性问题。《民法典》第二百八十六条新增了业主的相关行为应当符合节约资源、保护生态环境的要求,与总则编确定的"绿色原则"相呼应。该规定意味着业主的行为应当遵守节约资源和保护环境的要求,类似乱丢垃圾等污染环境的行为被明确禁止,此规定也有助于推进正在逐步实施的垃圾分类工作。据此,甲违反小区业主行为规定,业主甲应当依法配合社区的垃圾分类处理工作。对于乙违章搭建的做法,其也是违反民法典第二百八十六条关于违章搭建的有关规定。

另外,关于对甲乙行为的处理结果问题。根据业主大会和业主委员会的职责内容,业主大会或者业主委员会有权对任意弃置垃圾、违章搭建的甲乙二人损害他人合法权益的行为,依照法律、法规以及管理规约,请求甲和乙停止侵害、排除妨碍、消除危险、恢复原状、赔偿损失等。若甲乙二人拒不履行相关义务的,有关当事人可以向有关行政主管部门报告或者投诉,有关行政主管部门应当依法处理。

最后,补充说明的是,本条规定是对业主守法义务和业主大会、业主委员会的职责的规定,契合了民法典的"绿色原则",另外根据防控新冠肺炎病毒传播的经验教训,民法典除了在物业服务企业或者其他管理人负有执行政府依法实施的应急措施和其他管理措施的义务方面作出规定之外,在另一方面规定了业主对此负有的义务,即对于物业服务企业或者其他管理人执行政府依法实施的应急处置措施和其他管理措施,业主应当依法予以配合。在新冠肺炎病毒的防控期间,确实存在业主不配合物业服务企业或其他管理人管控举措的行为,有的甚至造成严重后果。从物业服务企业或其他管理人与业主的关系上,业主应当服从管理;从执行政府的应急处置措施和其他管理措施上,业主作为管理相对人,也有服从管理的义务。因此,业主应当依法予以配合。

⚖ 法律依据

《民法典》第二百八十六条　业主应当遵守法律、法规以及管理规约,相关行为应当符合节约资源、保护生态环境的要求。对于物业服务企业或者其他管理人执行政府依法实施的应急处置措施和其他管理措施,业主应当依法予以配合。

业主大会或者业主委员会，对任意弃置垃圾、排放污染物或者噪声、违反规定饲养动物、违章搭建、侵占通道、拒付物业费等损害他人合法权益的行为，有权依照法律、法规以及管理规约，请求行为人停止侵害、排除妨碍、消除危险、恢复原状、赔偿损失。

业主或者其他行为人拒不履行相关义务的，有关当事人可以向有关行政主管部门报告或者投诉，有关行政主管部门应当依法处理。

19. 业主甲购房发现房子采光有严重问题，满足不了基本日照，对其生活有较大影响。请问甲该怎么维权？

● **案例**

甲大学毕业之后，努力打拼，终于在某市某楼盘售房处买了一套自己的房子，为朝南的 202 房间，拿到购房合同的甲非常高兴，一段时间后满心欢喜地去办了产权过户。

一年之后，甲终于可以收房了，但是却和预想不一样，甲依稀记得当时楼盘规划的间距比较开阔，但是现在的这套房楼盘间距实际上很窄，尽管卧室都是朝南，但是一天之中，连 3 小时的日照采光都不能保证，另外通风情况也不太好，所以甲居住的感觉相当压抑，尤其是大寒期间，连 1 小时的正常日照都不能满足。甲越想越生气，自己辛辛苦苦打拼，用尽积蓄买的房子竟然如此糟糕，整夜睡不着觉，上班状态也愈发不对，后来通过平日交谈发现同小区的其他业主也有同样的困扰，大家都向开发商反映过问题，但是始终得不到满意的解决，现在他想维护自己的权利，那么根据现有法律法规，甲要如何维护自己的权利？

● 结论

业主甲可以直接要求开发商消除妨碍，承担相应的侵权责任，可以向有关行政主管部门投诉，也可以向人民法院起诉，由人民法院判决，要求其承担相应的侵权责任，赔偿损失等。

● 分析

首先，关于开发商是否侵犯业主甲权利的定性问题。根据《民法典》第二百九十三条对相邻建筑物通风、采光、日照的规定，该条为小区居民的"阳光权"或者"采光权"提供了明确的法条依据，在本案中，开发商并没有兑现售房时承诺的楼盘间距，该楼盘开发商违规施工，超规划建设，导致新建的住宅楼密度过大，严重缩短了建筑物的日照时间，故开发商侵犯了业主甲的采光权。

其次，开发商应当承当相应的侵权责任，权利人有权要求开发商消除妨碍。

最后，建筑物通风、采光和日照，是相邻关系中的重要内容。相邻各方修建房屋或其他建筑物，如未保持适当距离，妨碍邻居的通风、采光和日照等正常生活基本需求，受害人有权请求排除妨碍、恢复原状和赔偿损失。例如，在城市建筑物密集地区，安装空调机应当与对方建筑物的门窗保持适当距离，不能将空调的排风口直接对着相邻建筑物的门窗，防止对相邻方生活造成妨碍。随着城市化的发展，现代城市的采光日照日益成为社会关注的问题，针对采光权和日照权，在《民法典》颁布前我国法律只有原则性规定，之前《物权法》的规定只是明确了"阳光权"的归属，《侵权责任法》也只原则规定侵犯该权该怎么办。这使得审判实践遭遇很多不确定性。此次出台《民法典》又再次确定了阳光权，这为今后进一步保证公民的阳光权提供了法律保障。根据《民法典》相关规定，以及《建筑设计采光标准》和《工程建设标准强制性条文》的规定，如果今后居民采光权受到侵犯，业主可以向开发商请求排除妨碍。另外如果邻居等妨碍了业主的通风采光权，业主也可以依据此条规定采取必要的法律措施以保证自己的权利不受侵犯。

⚖ 法律依据

《民法典》第二百八十八条　不动产的相邻权利人应当按照有利生产、方便生活、团结互助、公平合理的原则，正确处理相邻关系。

《民法典》第二百九十三条　建造建筑物，不得违反国家有关工程建设标准，不得妨碍相邻建筑物的通风、采光和日照。

20. 要为邻居暖气安装、建筑维修等行为提供便利么？如因提供上述便利受到损害，可以要求赔偿么？

• **案例**

乙和甲是某小区 2 幢 2 单元楼上楼下的邻居，乙住在 12 楼，后甲搬来 13 楼，当时正值 1 月，天气寒冷，新搬来的甲家要安装暖气管道，由于暖气管道是联通的，涉及住在 12 楼的乙，需到乙家进行一部分暖气管道的设置，但是甲和乙经过多次交涉，乙都不同意装修工人进到其家进行所需的安装工程，致使暖气安装一直没有解决，后来经甲多次请求，乙终于同意工人入户进行必要的暖气管线铺设。

一波未平一波又起，在 12 楼乙家进行必要的管线铺设的时候，安装工人误将乙家的一截暖气管道损毁，导致乙家的暖气不能正常使用，需进行维修。后乙一气之下不再同意安装工人入户继续工作，甲气不过，也不给乙家暖气管道进行维修，至此两家起了冲突，甲家的暖气管道没法铺设使用，乙家只好自行维修被损毁的管道，共计花费维修费 3200 元。请问邻居乙要为甲家暖气安装问题提供便利么？乙家因提供便利导致自家管道损毁，可以要求甲赔偿么？

• **结论**

邻居乙要为甲家暖气安装提供便利；乙家因提供便利导致自家管道损毁，可以要求甲赔偿。

● 分析

首先，关于邻居乙要为甲家暖气安装问题提供便利的问题。本案中甲和乙为邻居，甲家铺设暖气管必须进入楼下乙家进行部分管道的设置，根据《民法典》第二百九十二条关于对相邻土地及建筑物利用关系的规定，相邻一方因建造、修缮建筑物或者铺设其他管线，需要临时占用他方土地、建筑物时，他方应当允许，铺设暖气管线属于本条明确规定的事项，作为邻居，乙理应为甲家提供便利，允许安装工人进入其室内进行必要的管线安装，本案中乙拒绝工人再次进入其家进行安装的做法是不合乎法律规定的。

其次，关于乙因为协助甲家安装导致自有的管道损毁能否提出赔偿的问题。《民法典》第二百九十六条是对包括铺设管道在内的行使相邻权应避免损害相邻权利人的规定，该条目前只保留了"应当尽量避免造成损害"的规定，删去了"造成损害，应当赔偿"的规定，所以乙无法依据第二百九十六的规定要求甲必须进行赔偿，但是根据侵权编侵权损害赔偿的规定，乙可以要求甲进行维修或者损害赔偿。因为相邻关系的赔偿责任不以过错为要件，只要造成了损害就应当承担赔偿责任，根据合理损失赔偿原则进行赔偿即可。

最后，相邻关系中的损害赔偿问题，《民法典》将该项损害赔偿规定作了整合性调整，不在相邻关系中规定，改在侵权编进一步明确。

法律依据

《民法典》第二百九十二条　不动产权利人因建造、修缮建筑物以及铺设电线、电缆、水管、暖气和燃气管线等必须利用相邻土地、建筑物的，该土地、建筑物的权利人应当提供必要的便利。

《民法典》第二百九十六条　不动产权利人因用水、排水、通行、铺设管线等利用相邻不动产的，应当尽量避免对相邻的不动产权利人造成损害。

21. 未经其他共有人同意，是否可以擅自改变共有房屋的用途?

• 案例

甲、乙和丙因合伙做生意共同购置了一间平房用于居住，因彼此比较熟悉，约定该平房为共同共有，但未对其他共有相关事项与表决规则作具体的约定。后乙遭遇车祸，在家休养半年。期间甲认为房子空着也是浪费，遂决定将该间平房改造成小卖部，由其亲戚经营。乙康复后回到该地准备继续与甲、丙经营生意，却发现共同居住的房屋被改造成了小卖部，对其居住生活造成很大不便。于是乙要求甲恢复原状，甲却称自己已经过丙的同意。

甲的行为与乙的请求是否有法律依据？

● **结论**

未经占份额三分之二以上的按份共有人或者全体共同共有人同意，不得改变共有房屋的用途。甲的行为是不符合法律规定的，乙有权请求甲将共有房屋恢复原状。

● **分析**

共有，是指某项财产由两个或两个以上的权利主体共同享有所有权。对共有物的处置必须协商一致（包括事先约定或临时协商）。《物权法》仅仅约束"处分"与"重大修缮"行为，很明显不能解决现实生活中经常出现的占有动产以及擅自改变不动产性质与用途的问题。如本案中甲的行为既不是处分，也不是重大修缮，而是将居住用的房屋转换成商铺；这时乙虽然仍是该房屋的所有人，但其按照自己的意愿使用与居住房屋的权利便受到损害。《民法典》充分考虑到实践中出现的这一问题，在第三百零一条增加了"变更性质或者用途"时亦须经过占份额三分之二以上的按份共有人或者全体共同共有人同意的规定。在本案中，三人共有的房屋本用于居住，甲却在未经全体共同共有人同意的情况下将房屋改造成了小卖部，擅自改变了房屋原本的用途，损害了乙的对房屋的正常使用。即使甲辩称已征得丙同意，但在共同共有的前提下，须全体共有人同意才能改变共有房屋的性质与用途。《民法典》将此类严重损害共有人权利的行为通过表决程序进行约束，有利于维护共有关系。

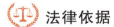 **法律依据**

《民法典》三百零一条　处分共有的不动产或者动产以及对共有的不动产或者动产作重大修缮、变更性质或者用途的，应当经占份额三分之二以上的按份共有人或者全体共同共有人同意，但是共有人之间另有约定的除外。

22. 共同所有的房屋被法院强制执行，共有人如何应对？

• 案例

父母二人将名下房产赠与给子女甲、乙和丙，并办理了房地产权证。同年7月，丙与其债权人丁的借款合同期限届满，因丙未偿还到期借款且经催告后仍未履行，丁遂向当地法院提起诉讼。由于丙无力偿还债款，其名下仅有一处共有房产，债权人丁即向院申请强制执行。在执行过程中，法院查封了丙所有的房屋，并根据丁的拍卖申请，依法拍卖了该房产，第三人以441567元的最高价竞得。法院将被告丙所有的房屋的所有权及相关的其他权利裁定归买受人所有。后甲得知此事，向法院提出异议申请，认为该裁定书未查明房屋产权的具体情况及房屋使用的实际情况，侵害了其合法权利及优先购买权，故请求依法判决撤销执行裁定书的内容。法院是否应撤销上述裁定？甲、乙作为共有人同时主张优先购买权时如何处理？

• 结论

法院应撤销转移所有权的执行裁定；作为共有人享有优先购买权，两个以上其他共有人同时主张优先购买权的，协商确定各自的购买比例；协商不成的，按照转让时各自的共有份额比例行使优先购买权。

• 分析

《民法典》第三百零六条将《物权法解释（一）》中的第十一条和十四条结合起来，形成了共有人行使优先购买权的具体规则。优先购买权又称先买权，是指特定人依照法律规定或合同约定，在出卖人出卖标的物于第三人时，享有的在同等条件优先于第三人购买的权利。在本案中，兄弟姐妹三人共有此套房屋，丙由于债权债务纠纷须被执行唯一财产，那么法院在拍卖该房屋时，不仅要查明其名下的房屋是否为共有房产，还应该考虑到即使要处理丙的共有份额，也要通知其他共有人。其他共有人享有优先权的制度价值在于，出卖人出卖房屋或者房屋被处分前，其他共有人已于事实上占有、使用出卖的房屋，并在生产、生活上对其形成了一定的依赖。相比于第三人，房屋的产权变动与其他共有人有更大的利害关系，因此要赋予其他共有人优先购买权。"按份共有人转让其享有的共有的不动产或者动产份额的，应当将转让条件及时通知其他共有人。其他共有人应当在合理期限内行使优先购买权。"即甲、乙在同等条件下享有优先购买权，可以优先认购丙的共有份额。若甲、乙同时主张优先购买权，此时不存在内部的优先顺序。上述二人可以协商各自的购买比例；如果协商不成，则按照各自所占的共有份额比例购买。

⚖ 法律依据

《民法典》第三百零六条　按份共有人转让其享有的共有的不动产或者动产份额的，应当将转让条件及时通知其他共有人。其他共有人应当在合理期限内行使优先购买权。两个以上其他共有人主张行使优先购买权的，协商确定各自的购买比例；协商不成的，按照转让时各自的共有份额比例行使优先购买权。

《民法典》第三百零八条　共有人对共有的不动产或者动产没有约定为按份共有或者共同共有，或者约定不明确的，除共有人具有家庭关系等外，视为按份共有。

23. 不同所有人的物结合在一起后不可分离或形成新物，该物的所有权归谁？

• 案例

甲和乙是住在一处的邻居，由于平时走动多，两家经常相互借用东西。1月，甲想在家附近盖一间仓库，见乙家门口摆放着一些水泥、钢筋，遂拿来自用，修建仓库。2月，甲家的一只小羊羔混入了乙家的羊群中无法分辨。4月，甲去乙家借东西，见乙家的桌子上摆放着一块石头，看上去比较粗糙。甲平时酷爱雕刻并曾发表作品，于是将石头拿回家雕刻，加工完成后，甲将自己的作品挂到网上，有人看上这件雕刻品，表示愿意出价2万元购买。后甲乙二人闹矛盾，大吵大闹后决定清算之前的旧账。乙要求甲归还偷拿的水泥、钢筋，但甲的仓库已经修建完毕。甲则要求乙归还自己的小羊羔，并声称自己的羊羔是高贵品种。乙另告知甲，自己放在家的石头是他市场上淘来的，价值5000元，要求甲归还那块加工后的石头；甲认为自己辛苦雕刻成的作品不能返还。并表示已有人出价2万元购买，不愿意归还，但可以给乙5000元，乙拒绝。那么，甲乙之间的这笔"账"应该怎么算？

● 结论

由仓库的所有人甲取得水泥、钢筋的所有权，乙可请求甲赔偿其损失；由乙取得小羊羔的所有权，甲依不当得利规定请求偿还价额；由加工人甲取得石头的所有权，并赔偿乙的损失。

● 分析

添附，是指不同所有人的物结合在一起而形成不可分离的物或具有新物性质的物。添附包括附合、混合和加工三种形态，这三种都会导致不同所有人的财产相互结合的情况。凡是未经他人同意而利用他人财产的，往往会构成对他人财产权的侵害，因此需要对添附后的物权归属及赔偿作一定的规范。附合是指两个或两个以上的主体，各自的物相结合而形成一个新的物，虽然可以辨认，但很难分离或分离成本过高。本案中水泥、钢筋与修盖的仓库即动产与不动产的附合，此时的水泥、钢筋已经很难从盖好的仓库中分离。根据法律规定以及充分发挥物之效用原理，由不动产所有人甲取得该不动产的所有权，动产的原所有权消灭。混合即动产与动产之间，混合后无法再区分原来的动产，如本案中的羊羔混入羊群中。混合的法律效果是，各动产所有人按其动产混合时的价值共有混合物。混合的动产中如果有一个是主物，则新物归主物所有者所有。本案中羊群为主物，因此小羊羔归乙所有。加工指对他人动产施加自己的劳动力，使之成为新物而产生物权变动的法律事实，如本案中的甲对石头的艺术加工。加工物所有权归属问题，要看加工所增加的价值是否明显超过材料的价值：若未超过或未显著超过，则加工物仍归原材料所有人；若显著超过，则加工物归加工人所有。在本案中，加工后的石头价值远高于石头本身价值，因此加工后的石头归加工人甲所有。

《民法典》第三百二十二条规定的添附制度，即关于新物所有权及后续赔偿问题可以总结为：首先尊重意思自治，有约定的按约定；没有约定或约定不明的，按照法律规定处理；法律没有规定的，要按照能充分发挥物的效用以及过错责任原则来处理，保护无过错方的利益，造成损失的要赔偿或者补偿。

⚖ 法律依据

《民法典》第三百二十二条　因加工、附合、混合而产生的物的归属，有约定的，按照约定；没有约定或者约定不明确的，依照法律规定；法律没有规定的，按照充分发挥物的效用以及保护无过错当事人的原则确定。因一方当事人的过错或者确定物的归属造成另一方当事人损害的，应当给予赔偿或者补偿。

第三章　用益物权

24. "三权分置" 下土地承包经营权与土地经营权有着怎样的区别?

• 案例

甲村将土地发包给村民,有村民认为自己不擅长经营土地,家中的年轻人大多在外打工,土地即将成为荒地,于是向村里反映该问题,一方面希望可以有人帮忙经营土地获取收益,另一方面也要求保障自己的合法权益。后乙公司提出村民可以向其出租土地经营权,由其从事生产经营。村民与乙公司达成合意,双方正式签订了出租合同。同年 6 月,部分村民为了征地拆迁补偿,提前在自己的土地上种树,导致乙公司种植作物产量受到影响。乙公司遂向甲村讨要说法并要求补偿。乙公司的做法是否符合规定?

- **结论**

不符合规定。

- **分析**

《民法典》第三百三十九条规定的"三权分置"是中央农村土地制度改革的重要内容之一，主要目标在于放活经营权的同时，不损害农民利益。土地"三权分置"旨在形成所有权、承包权、经营权三权分置，经营权流转的格局。在三权分置下，所有权、承包权和经营权既存在整体效用，又有各自权能。土地经营权流转后，为了加强对土地承包权的保护，承包方与发包方的承包关系不变，承包方的土地承包权不变。《民法典》改变了以往《物权法》中将转包、互换、转让等流转方式一体混杂规定的模式，采取分别规定的模式，即"互换、转让土地承包经营权"的流转方式和"以出租、入股或者其他方式流转土地经营权"的流转方式。前者导致土地承包关系和土地承包经营权主体发生变动；后者则保留原土地承包关系，农户享有的土地承包经营权不发生变动，在此基础上派生出作为"子权利"的"土地经营权"，如本案中村民向乙公司出租的即为"土地经营权"。出租后原土地承包关系不变，但以下几点值得注意：一是出租的范围不能超过原承包经营合同范围，仅是将部分或全部土地经营权进行出租，出租合同的内容不得与原承包合同相冲突；二是出租后，原承包合同关系、内容并不发生变化，原承包经营权依然存在；三是基于合同的相对性，发包方与承包方，承包方与承租方为合同主体，发包方与承租方之间并不存在直接的权利义务关系。因此在本案中，甲村与村民作为承包合同的主体，村民与乙公司作为出租合同的主体，互相不能突破合同相对性去追究第三人的责任。因此乙公司只能向与其签订经营权出租合同的村民追责。

⚖️ 法律依据

《民法典》第三百三十九条　土地承包经营权人可以自主决定依法采取出租、入股或者其他方式向他人流转土地经营权。

25. 流转期限为五年以上的土地经营权是物权还是债权？是否需要登记？是否可以抵押？

• 案例

甲是某村农户，某村将土地发包后，甲承包了4亩土地。在"三权分置"改革落实后，其想通过出租、入股等方式流转土地经营权。某日，甲与乙签订了出租合同，将其手中4亩地的土地经营权流转给乙，流转期限是六年。后来，丙在明知甲与乙已签订土地经营权流转合同的情况下，告诉甲自己可以以更高的流转价格支付流转费用，希望甲与其签订4亩地的土地经营权流转合同，甲答应，二人即另签了一份流转合同，流转期限是五年。

与乙的流转合同期限届满后，甲又因债权债务纠纷无力偿还借款，遂将土地经营权抵押给债权人丁。那么在上述过程中，乙未经登记是否可以对抗同样签订五年以上流转期限合同的丙？甲能否将土地经营权用于抵押？

● 结论

乙可以对抗甲与丙签订的流转合同的效力；甲可以将土地经营权用于抵押。流转期限为五年以上的土地经营权是物权，即使未经登记也可以对抗非善意第三人；同时因为其物权属性，可以用于抵押。

● 分析

对土地经营权的法律性质，即是物权还是债权，在《农村土地承包法》修订过程中一直存在很大争议。到《民法典》制定时，第三百四十一条的规定显然就是对物权设立、登记和对抗效力的典型表达方式。此处的"登记"不是行政管理意义上的登记，而是具有物权变动和公示效力的不动产登记。进一步来看，五年以上的流转期限具备普遍性的对抗第三人的效力，也就是说，即使未经登记，也可以对抗非善意的第三人，登记影响的只是对抗效力的范围和程度。因此《民法典》三百四十一条的规定更加体现流转期限五年以上的土地经营权的物权属性。本案中甲与乙签订流转合同在先，且合同合法有效；即使未经登记，该合同效力也可以对抗非善意第三人——丙在明知甲乙已签订土地经营权流转协议后仍然与甲另外签署流转合同，显然是恶意的。除此之外,《民法典》三百九十九条删除了《物权法》一百八十四条中耕地的土地使用权不得抵押的规定,表明土地经营权可以抵押,也是印证了流转期限五年以上土地经营权的物权属性。这为五年以上土地经营权的不动产登记、抵押融资提供了理论支撑和法律依据。

⚖ 法律依据

《民法典》第三百四十一条　流转期限为五年以上的土地经营权,自流转合同生效时设立。当事人可以向登记机构申请土地经营权登记;未经登记,不得对抗善意第三人。

《民法典》第三百九十九条　下列财产不得抵押:(一)土地所有权;(二)宅基地、自留地、自留山等集体所有土地的使用权,但是法律规定可以抵押的除外;(三)学校、幼儿园、医疗机构等以公益为目的成立的非营利法人的教育设施、医疗卫生设施和其他公益设施;(四)所有权、使用权不明或者有争议的财产;(五)依法被查封、扣押、监管的财产;(六)法律、行政法规规定不得抵押的其他财产。

26. 对于擅自改变绿化用地用途的行为，应当如何应对？

• **案例**

某景区内植物园工程项目是重点生态环境工程，由景区管理处进行施工建设。为吸引更多游客前来，增加经济效益，管委会决定增加景区内停车场、游乐园面积，但苦于无地可用。故在植物园项目建设过程中，管委会未经批准和办理相关手续，擅自改变了部分林地用途。附近群众发现后，将线索透露给当地环境保护协会（2000 年登记成立），协会遂将景区管委会起诉到人民法院，要求管委会停止施工，并承担相应的法律责任。那么，环境保护协会的请求可以得到法院的支持吗？

• **结论**

环境保护协会的请求可以得到法院的支持，景区管委会应立即停止施工，并承担相应的法律责任。

• **分析**

《民法典》第三百四十六条明确规定设立建设用地使用权应符合节约利用和保护生态的总体要求，是在《民法典》中落实绿色原则、强调生态保护的必然要求，也体现了中国《民法典》绿色化、生态化的鲜明时代特色。绿水青山就是金山银山，民事主体在从事民事活动时，应当从有利于节约资源，保护环境的角度出发。建设用地使用权是指权利人依法对国家所有的土地享有的占有、使用和收益的权利，权利人有权按照自己的意愿利用土地。但建设用地使用权的行使必须遵守法律关于土地用途的规定，也要严格遵循"绿色原则"的要求。

本案中，景区管委会占用植物园工程项目建设用地，擅自将林地用于停车场、游乐园的建设，违反了我国法律、行政法规关于土地用途的规定。因此，景区管委会应当立即停止这种擅自改变绿化用地用途的行为，并且要承担相应的法律责任。

⚖ 法律依据

《民法典》第三百四十六条　设立建设用地使用权，应当符合节约资源、保护生态环境的要求，遵守法律、行政法规关于土地用途的规定，不得损害已经设立的用益物权。

27. 购买商品房后，新建的地下车库是否属于地上部分的业主？

• 案例

甲和乙房地产公司签订《商品房购销合同》，购买乙公司开发的联排别墅一栋，合同中注明所购买房屋情况为："A区第一幢A01号房，属框架结构，该商品房建筑层数为地上三层，地下一层。"合同签订后,双方按约定履行了义务,乙公司为甲办理了房产证,但未将地下层部分登记在产权证书之内。在地上别墅部分盖好并交付后,乙公司又出资在地下部分修建了地下车库,并将地下车库的所有权人登记为本公司。甲得知地下车库的产权登记情况后,向人民法院提起了诉讼,认为合同中约定所购房屋情况是"地上三层,地下一层",且地下负一层是地上建筑物的附属物,故地下车库的所有人应是自己。乙公司则辩称,购房合同中"地上三层,地下一层"仅是对房屋结构的说明,况且合同中约定的购房面积和价款并不包含地下部分。那么,地下车库是否是地上别墅的附属物?地上部分的业主甲是否享有地下车库的所有权?

• **结论**

地下车库并非地上部分的附属物,甲不享有地下车库的所有权。

• **分析**

附属物,指为了房屋的使用而建造的必需的附属设施,依赖于房屋建筑而存在,离开房屋其本身便没有存在价值。而本案中,乙房地产公司是在地上别墅部分建成并交付使用之后才修建的地下车库,地下车库显然具有构造和利用上的独立性,离开地表上的别墅部分仍然具有独立的使用价值。因此,地下车库并非地上别墅的附属物。

根据《民法典》第三百四十五条规定,地下车库的修建,不影响地上别墅部分建设用地使用权的设立，不影响业主甲对地上别墅的管理、使用，故乙房地产公司对地下车库部分的权利可以单独行使。且在双方签订的购房合同中，约定的购房面积并不包括地下层，甲也没有为地下层支付价款。合同上注明的所购买房屋情况"地上三层，地下一层"，只是在合同中注明房屋结构，而不是甲所购买的房屋层数，因此甲不享有地下车库的所有权。地下车库由建设用地使用权人乙房地产公司出资建设，根据《民法典》第三百五十二条规定，地下车库的所有权应归属于出资建设的乙公司。

⚖ 法律依据

《民法典》第三百四十五条　建设用地使用权可以在土地的地表、地上或者地下分别设立。

《民法典》第三百五十二条　建设用地使用权人建造的建筑物、构筑物及其附属设施的所有权属于建设用地使用权人，但是有相反证据证明的除外。

28. 住宅小区内由开发商投资建设且未纳入公摊面积的建筑，其所有权是否属于小区全体业主？

● **案例**

甲为购置婚房，购买了由乙地产公司开发的某小区住宅一套，成为该小区的一名业主。购房时，开发商向购房人散发的宣传广告上均载明小区内设有会所、篮球场、游泳池等配套设施，会所内还设有幼儿托管中心、健身房、诊所、咖啡馆、棋牌室等。交房后，甲偶然得知，小区内的会所已经被开发商办理了房产证，且登记在开发商乙公司名下。甲认为，会所属于小区内的配套设施，应属于全体业主共有，开发商将其登记在自己名下的行为侵害了小区业主的合法权益。对此，乙地产公司辩称，会所完全由其出资建设，且未计入小区的公摊面积，理应由自己享有会所的所有权。那么，小区内会所的所有权应当归属于全体业主吗？

● **结论**

会所不属于小区内的公用设施和物业用房，并且由开发商投资建设、未纳入公摊面积，其所有权属于开发商乙地产公司，不属于全体业主。

● **分析**

除专有的住宅部分外，小区业主还对小区的共有部分享有共同所有权，共有部分包括建筑区划内的道路、绿地、公共场所、公用设施和物业用房以及占用业主共有的道路或者其他场地的停车位等。会所，是以所在物业业主为主要服务对象的综合性高级康体娱乐服务设施。会所属于开发商所有还是属于业主所有，关键在于开发商进行所有权初始登记时是否将会所登记为属于业主所有的公共场所。若开发商将会所登记为公共场所，则会所的建筑面积纳入了公摊面积，业主在购买房屋时对会所的公摊面积也支付了金钱，会所当属业主共有。

尽管本案中宣传广告载明该小区内设有会所、网球场、篮球场、游泳池、咖啡馆、棋牌室等休闲配套设施，但并不等于这些配套设施已纳入公摊面积。会所不属于道路、绿地、公共场所、公用设施和物业用房等业主共有部分，也没有涵盖在公摊面积之内，业主没有为会所占用的建筑面积支付价款。开发商乙地产公司取得土地使用权利来源合法，且会所由其投资建设，规划、建设过程均经过政府部门批准。根据《民法典》第三百五十二条规定，在没有相反证据证明的情况下，由建设用地使用权人乙地产公司出资建造的会所，其所有权属于乙地产公司。

⚖ 法律依据

《民法典》第三百五十二条　建设用地使用权人建造的建筑物、构筑物及其附属设施的所有权属于建设用地使用权人，但是有相反证据证明的除外。

29. 在产权明确的土地上修建房屋，房屋产权发生争议的，如何认定房屋的所有权归属？

● **案例**

丙市土地管理部门向甲颁发了丙市某块土地的《国有土地使用证》，甲是该块土地的合法使用权人。在甲取得《国有土地使用证》之前，该地块上已建起一栋二层房屋，但至今未办理房屋产权证，甲及其子乙一直在该房屋内居住。数年后，甲想要拆除改建该地块上的房屋，要求儿子乙搬出。乙主张该地块上的房屋由自己出资修建，甲无权处置，并采取各种手段阻挠房屋拆除。甲则表示建造房屋由自己单独出资，乙多年来在家游手好闲，无固定工作，不可能有钱出资建房。因房屋的改建，甲、乙父子二人产生纠纷，乙一气之下将父亲甲诉至法院，请求法院判决房屋所有权由自己享有。然而，乙未能提供相应证据证明房屋由自己出资兴建，甲亦表示由于年代久远，建房时的相关单据早已无处可寻。那么，该房屋的所有权归属应当如何认定？

● **结论**

该地块上房屋的所有权由土地使用权人甲享有。

● **分析**

我国《民法典》第三百五十六条、第三百五十七条分别对"房随地走""地随房走"原则进行了规定，即某块土地上的土地使用权被处分时该土地上的房屋等建筑物及其附属设施也随之一并处分,反之亦然。《民法典》做出这样的规定,旨在强调"房地一体",即保证土地使用权和其上的建筑物所有权最终归属于同一权利主体。房产和土地紧密相连、不可分割,只有二者归属于同一权利人,才能减少使用、转让时的麻烦,最大程度发挥效用。

本案中,在甲取得《国有土地使用证》之前,该地块上已经建起二层房屋,甲一家人在此居住,但未办理房屋产权证。现甲、乙父子二人因房屋所有权归属产生纠纷,但争议双方均不能提供证据证明该房屋由自己出资建造。在房屋产权归属不能确定的情况下,根据"房地一体主义",甲作为该地块的合法土地使用权人,享有地上房屋的所有权。

⚖ 法律依据

《民法典》第三百五十六条　建设用地使用权转让、互换、出资或者赠与的,附着于该土地上的建筑物、构筑物及其附属设施一并处分。

《民法典》第三百五十七条　建筑物、构筑物及其附属设施转让、互换、出资或者赠与的,该建筑物、构筑物及其附属设施占用范围内的建设用地使用权一并处分。

30. 在建设用地使用权有效期内，因公共利益需要可以提前收回土地吗？

● **案例**

甲以转让方式从某银行买得一块地的土地使用权，土地用途为综合经营。根据丙市规划局当年公布的建设用地规划红线图以及丙市乙区发展和改革局《关于经济适用房工程项目建议书的批复》，丙市乙区拟建设经济适用房项目，项目用地涉及甲名下的该块土地使用权。为迅速启动经济适用房建设，经区政府同意，乙区国土分局向甲下发《拟收回国有土地使用权告知书》，两个月后举行了听证会。履行告知、听证等相关程序后，乙区国土分局对甲做出《收回国有土地使用权决定书》。甲对乙区国土分局的做法表示不满，向人民法院提起行政诉讼，要求法院判决撤销《收回国有土地使用权决定书》。那么，乙区国土分局在甲建设用地使用权期限届满前提前收回甲土地的做法是否合法？

● **结论**

乙区国土分局提前收回甲土地的决定合法。

● **分析**

经济适用房是政府提供优惠政策，限定建设标准、供应对象和销售价格，购房人拥有有限产权的、具有保障性质的政策性住房。因此经济适用房项目具有公共效用、带有公共利益性质，是为了满足特定群体生存、居住需要。

本案中,为实施经济适用房项目,在经过正当、合法的程序之后,乙区国土分局决定收回甲的建设用地使用权。根据《民法典》第三百五十八条规定,出于公共利益需要,行政主管部门有权在土地使用权期限内提前收回土地使用权。乙区国土分局收回土地使用权是为了公共利益需要,其做法并无不当。但提前收回国有土地使用权,乙区国土分局应当退还相应的土地出让金,同时还应对土地上房屋以及其他不动产进行评估,并给予补偿。

⚖ 法律依据

《民法典》第三百五十八条　建设用地使用权期限届满前,因公共利益需要提前收回该土地的,应当依据本法第二百四十三条的规定对该土地上的房屋以及其他不动产给予补偿,并退还相应的出让金。

31. 租住他人住宅期间,房屋所占用土地的建设用地使用权到期,是否可以此为由拒绝支付建设用地使用权到期后的房租?

• 案例

甲参加工作不久,因无力买房,遂租用乙拥有的民房两间居住，租期五年。租约签订后，甲支付一年的房租，并约定每年的租金在当年的年末收取。租住乙住宅一年半之后，甲在与邻居聊天中偶然得知，在自己与乙签订租房协议后六个月，该民房所占用土地的土地使用权期限已经届满。甲提出，租赁房屋所使用的土地是国有土地，且使用期限已于自己租赁之日起六个月后届满，认为房屋租赁合同的期限最多也只能是六个月。据此，甲在乙前来收取当年房租时，拒绝支付租金，二人产生纠纷。那么，甲拒绝支付房租的做法是否合理？土地使用权到期是否影响乙对其住宅的合法占有？

● **结论**

甲拒绝支付房租的做法不合理。住宅建设用地使用权到期后自动续期，不影响乙对其住宅的合法占有。

● **分析**

房屋产权到期之后怎么办，是整个社会都十分关注的问题，我国《民法典》对此做出了明确的回答。住宅建设用地使用权到期后自动续期，不必担心土地使用权到期后政府将住房收回。至于是否需要缴纳续期费用或者是否应该减免续期费用，《民法典》尚未做出规定，还需要国家出台相关的政策法规。

本案中，乙拥有的房屋的土地使用权到期之后自动续期，至于续期费用是否缴纳或如何缴纳，不影响房屋所有权人乙对该房屋的合法占有。因此，甲与乙所签订的租房协议合法有效，不受土地使用权期限届满的影响。合法有效的合同，对双方当事人均具有法律约束力,双方应按照合同约定全面履行自己的义务。故甲拒绝支付房租的做法于法无据,应当按照租房协议约定,按时向乙支付租金。土地使用权到期后自动续期,乙对其住宅的合法占有不受影响。

⚖️ 法律依据

《民法典》第三百五十九条　住宅建设用地使用权期限届满的,自动续期。续期费用的缴纳或者减免,依照法律、行政法规的规定办理。

非住宅建设用地使用权期限届满后的续期,依照法律规定办理。该土地上的房屋以及其他不动产的归属,有约定的,按照约定;没有约定或者约定不明确的,依照法律、行政法规的规定办理。

32.房屋被洪水冲垮,宅基地被村委会开垦成耕地,原宅基地权人可要求返还原宅基地?

• 案例

甲系某村村民,因继承取得其父修建的土瓦房屋一间。在取得房屋所有权证和宅基地使用证之后,甲与其家人外出务工,多年未归，房屋无人看管。数年后，因年久失修，该土瓦房屋在罕见的洪灾中垮塌，宅基地也被上涨的河水淹没。洪水退去后，土瓦房屋所在的宅基地也一直闲置，荒芜十几年。甲得知情况，并未回乡处理相关事宜。在农村综合治理改造过程中，村委会将该闲置宅基地开垦为耕地，并分配给村民乙。甲得知此事与乙发生纠纷，要求其清除该地块上的农作物，将宅基地返还给自己。经村委会多次调解，村里同意给甲另批一块宅基地修建房屋，但甲始终不同意，坚持要回原宅基地。那么，甲的要求是否合理？

• **结论**

甲的要求并不合理。甲的宅基地使用权已因自然灾害消灭，无权要求乙返还，但村委会应当依法重新给甲分配宅基地。

• **分析**

农村宅基地使用权是指农村村民基于农村集体经济组织成员身份而享有的在集体所有的宅基地上建造房屋以供使用、居住的权利。村民一户只能有一处宅基地，农村村民无须交纳任何土地费用即可取得，具有福利性质和社会保障功能。

本案中，甲的房屋因年久失修，被大水冲垮，宅基地也被洪水淹没。洪水退去后，甲虽得知相关情况，但多年未回乡对房屋进行修缮，宅基地荒芜十几年。根据《民法典》第三百六十二条、第三百六十四条规定，尽管甲此前作为宅基地使用权人对宅基地有占有和使用的权利，但其宅基地使用权已因自然灾害而消灭。村委会有权将荒芜宅基地开垦为耕地，并分配给同村村民乙。

因此，甲要求乙返还宅基地的请求并不合理。但根据《民法典》第三百六十四条规定，甲作为该村村民，失去原有的宅基地后有权请求村委会重新为其分配宅基地。

⚖️ 法律依据

《民法典》第三百六十二条　宅基地使用权人依法对集体所有的土地享有占有和使用的权利，有权依法利用该土地建造住宅及其附属设施。

《民法典》第三百六十四条　宅基地因自然灾害等原因灭失的，宅基地使用权消灭。对失去宅基地的村民，应当依法重新分配宅基地。

33.离婚协议中，可以约定为离异夫妻一方设立居住权吗？

• 案例

甲男与乙女二人经人介绍相识，经过一个月的恋爱，二人迅速闪婚。婚后一年，乙生下一女。然而，女儿未满一岁，甲、乙二人便因生活习惯差异过大，终日争吵，以致感情破裂，决定协议离婚。甲男与乙女仅有现居住的二居室婚房一套，婚房系婚前由甲男的父母全款购买，登记在二人名下。在离婚协议中，甲与乙约定：女儿由女方乙抚养，男方甲每月支付抚养费；婚房归甲所有，但乙在找到稳定的住所之前，仍有权在婚房的次卧居住。协议签订后，甲、乙二人依法办理了居住权登记。离婚后，因乙尚在哺乳期无固定收入，无力承担租房费用，故仍居住在二人的婚房之中。那么，对所有权归属于甲的婚房，乙享有哪些权利？

- **结论**

甲男在离婚协议中为乙女设立了居住权，乙对婚房享有占有、使用的权利，在找到合适的住所前有权居住在婚房的次卧。

- **分析**

居住权是指对他人所有的住房及其附属设施占有、使用，满足生活居住需要的权利。居住权应以书面形式设立，若无特别约定，当事人之间设立居住权是无偿的，自在登记机构登记之日起设立。

本案中，甲男与乙女离婚后，二人名下仅有的二居室婚房归甲所有。因乙尚在哺乳期，无固定收入，无力承担租房费用，甲、乙二人在离婚协议中以书面形式为乙设立了居住权，并办理了居住权登记。根据《民法典》第三百六十七条、第三百六十八条规定，甲男就二人的婚房为乙女设立了居住权。乙在找到稳定住所之前，仍有权居住在婚房的次卧之中。乙对所有权归属于甲的婚房有占有、使用的权利，直到有能力自行承担租房或购房费用，并且不需要支付房租。

法律依据

《民法典》第三百六十六条　居住权人有权按照合同约定，对他人的住宅享有占有、使用的用益物权，以满足生活居住的需要。

《民法典》第三百六十七条　设立居住权，当事人应当采用书面形式订立居住权合同。

居住权合同一般包括下列条款：

（一）当事人的姓名或者名称和住所；

（二）住宅的位置；

（三）居住的条件和要求；

（四）居住权期限；

（五）解决争议的方法。

《民法典》第三百六十八条　居住权无偿设立，但是当事人另有约定的除外。设立居住权的，应当向登记机构申请居住权登记。居住权自登记时设立。

34. 居住权人死亡，继承人是否可以继承其居住权？

• **案例**

甲、乙兄弟两人从小一起长大，感情深厚。因弟弟乙天生残疾，生活困难，甲遂将自己名下的闲置房屋一套借给弟弟居住。兄弟二人签订协议，约定弟弟乙可以无限期在该房屋内无偿居住，并依法办理了居住权登记。弟弟乙的女儿丙已经成年，但仍然长期与父亲住在一起。数年后，弟弟乙不幸因病离世。在处理完相关事务之后，甲准备收回弟弟所住的房屋，侄女丙却不愿腾房，拒绝搬离及支付房租。丙表示，乙依法享有这个房屋的居住权，自己作为他的女儿有权继承居住权。甲则表示，自己与弟弟乙的协议中约定只将房屋借给弟弟乙居住，如今弟弟已死，自然有权将房屋收回。那么，乙死亡后，其女丙是否可以继承其居住权？甲能否收回自己的房屋？

● **结论**

丙不可以继承乙的居住权，甲可以收回自己的房屋。

● **分析**

居住权是一种特殊的权利，具有很强的人身性，即只能依附于特定的人，伴随具有"居住权"人的终生，随着"居住权"人死亡，"居住权"也随之消亡。我国《民法典》明确规定，居住权的设立基于当事人之间的合同约定，不能通过转让、继承等方式取得。

本案中，甲、乙兄弟二人通过协议的方式，为乙设立居住权，乙可以无限期在甲的闲置房屋中免费居住。尽管乙的女儿丙长期以来与父亲共同在该房屋中居住，但丙并非居住权人。根据《民法典》第三百七十条规定，乙因病去世后，居住权因居住权人死亡而消灭，丙不能通过继承的方式取得居住权。因此，丙无权继续在甲的房屋中居住，甲有权收回自己的房屋。

法律依据

《民法典》第三百六十九条　居住权不得转让、继承。设立居住权的住宅不得出租，但是当事人另有约定的除外。

《民法典》第三百七十条　居住权期限届满或者居住权人死亡的，居住权消灭。居住权消灭的，应当及时办理注销登记。

35. 可以通过遗嘱的方式为他人设立居住权吗?

• 案例

甲今年九十岁，老伴已于十年前去世。因工作原因，甲的一双儿女常年生活在外地，不能时常回家探望。为照顾老人起居，甲的儿女在母亲去世之后，即为父亲聘请了一名保姆乙。甲年老多病，十年来，衣食住行等完全由保姆乙照顾。保姆乙常年孤身一人在外务工，甲感念其多年的悉心照料，为表示感谢，在遗嘱中写明"若我去世，保姆乙仍可在我生前居住的房子中终生免费居住"，并到公证处依法进行了公证。两年后，甲因病逝世。甲的儿女料理完老人的后事之后，打算将老人生前居住的房屋出租，此时保姆乙拿出遗嘱表示自己要继续在此居住。那么，甲的儿女作为房屋的所有权人,能否要求保姆乙离开,将此房屋出租?

● **结论**

甲可通过遗嘱为保姆乙设立居住权,甲的儿女不得将房屋出租,保姆乙有权在此房屋内终生免费居住。

● **分析**

根据民事法律规定,公民有自主处置财产的权利。遗嘱是公民生前对自己去世后财产流向进行分配的重要方式,公民的意愿应当得到尊重。自然人可通过遗嘱的方式为他人设立居住权,只要订立的遗嘱符合遗嘱法定形式和效力即可。

本案中,甲生前居住的房屋虽然由其子女继承,但为表达对保姆乙悉心照料的感谢,在遗嘱中为保姆设立了居住权。遗嘱是老人生前对自己死后财产所进行的分配,老人的生前意愿应当受到尊重,以遗嘱方式设立居住权与以合同方式设立居住权具有同等的效力。根据《民法典》第三百六十九条的规定,设立居住权的住宅不得出租,但是当事人另有约定的除外。因此,保姆乙有权在甲生前房屋中免费居住。甲的儿女尽管因继承取得房屋的所有权,但不能要求乙离开。

⚖ **法律依据**

《民法典》第三百六十九条 居住权不得转让、继承。设立居住权的住宅不得出租,但是当事人另有约定的除外。

《民法典》第三百七十一条　以遗嘱方式设立居住权的,参照适用本章的有关规定。

----

36. 供役地权利人转让供役地,原地役权能否对受让方生效?

• 案例

甲为解决货物屯留问题,与当地乙物流公司签订了《旧仓库购买协议》,该协议约定乙公司将其在某镇某路的部分仓库转让给甲,同时为了解决该仓库货物运输问题,该协议同时约定在转让的旧仓库南面留出北至南宽 6 米的空地作为通道使用,该空地可供甲使用 20 年。3 年后,乙公司因资金困难,无法偿还银行贷款,被当地农村商业银行起诉至法院,当地人民法院同年作出裁判将乙公司位于该镇某路的剩余房地产(含上述 6 米通道)拍卖以抵偿相应债务。后丙以竞拍方式取得了上述房地产的使用权,但丙在受让时并未被乙公司告知上述 6 米通道的使用问题。丙在办理了上述土地、房产的不动产权证书后,为进行改建工作,开始堆放砂石、水泥等原材料,造成上述 6 米宽的通道堵塞。甲当即要求丙清理上述材料以腾出通道,但丙表示拒绝。现甲起诉至法院,主张丙的行为侵犯了其使用通道的权利,而丙则主张通道所占有土地为自己所属,不存在侵犯甲利益的情况,那么本案该如何处理，甲是否有权继续使用现设置在丙土地上的通道？

● **结论**

甲不能继续使用现设置在丙土地上的通道。

● **分析**

地役权是指按照合同约定，利用他人的不动产，以提高自己不动产收益的权利。甲与乙公司之间的协议约定乙公司在其剩余土地上为甲留出6米宽的空地作为通道使用，为甲使用其仓库提供了通行便利，为其设置了通行地役权。但根据合同的相对性，合同一般仅在合同当事人之间生效，不对第三人发生效力。同时，我国相关法律也规定，地役权未经登记，不得对抗善意第三人。此处的"善意第三人"指受让取得不动产时，不知地役权相关交易的真情实况且对不知情也不存在相应过错的第三人。本案例中丙在受让涉案房产时，对甲和乙公司关于涉案房产存在通行地役权的情况并不知情，也不存在相应过错，是为善意第三人。因该通行地役权并未在有关部门登记，不得对抗丙，因而丙有权主张其不负担甲在其受让土地上享有的通行地役权。那么甲的权益就得不到保护了吗？并不是，甲可依据其与乙物流公司之间签订的协议，要求乙物流公司承担相应的违约责任，如要求其赔偿甲因无法继续使用通道而造成的损失。

后续思考，根据"未经登记，不得对抗善意第三人"，从其可以推断出，若该通行地役权向有关部门登记，则可对抗善意第三人。若甲在与乙物流公司签订合同时，即将设置通行地役权的内容向有关部门登记，则丙之后受让相关不动产时，无论对该通行地役权的存在是否知情，均必须继续为甲提供通行地役权，不得影响甲对通道的使用，否则甲可以以丙侵犯其地役权为由要求其承担侵权责任，如要求丙排除妨害，赔偿损失等。

⚖ 法律依据

《民法典》第三百七十四条　地役权自地役权合同生效时设立。当事人要求登记的，可以向登记机构申请地役权登记；未经登记，不得对抗善意第三人。

37. 土地所有权人负担地役权，后设立土地承包经营权时，土地承包经营权人是否继续负担原已设立的地役权？

• 案例

甲村地处偏僻，气候干燥，水源匮乏。某年6月，甲村为解决农业生产用水问题与邻近的乙村达成为期二十年的协议，协议经双方各自村民大会表决通过。协议约定甲村自乙村集体所有的水泊处挖渠引水以灌溉其农田，同时每年支付给乙村6万元作为用水补偿。

三年后，为进行渔业生产活动，乙村将该水泊承包给本村村民丙养殖草鱼等鱼类，村民丙认为甲村取水过多严重影响其渔业生产活动，便设置堤坝、栅栏等设施堵塞甲村开挖沟渠阻拦其引水。甲村村委会负责人当即表示强烈不满，其依据跟乙村的协议主张可继续引水，要求村民丙和乙村立刻将沟渠清理通畅。但丙认为这是其承包的水泊，当然有权处置如何用水。乙村则以其已将水泊承包出去，自己无权处置为由拒绝甲村提议。各方争执得不可开交，矛盾激化，最终诉诸法院。本案应如何处理？

● **结论**

甲村仍有权继续用水，乙村和村民丙应立即去除障碍，为甲村取水提供方便。

● **分析**

根据我国相关法律规定，如果土地所有权人已经在其土地上设置有地役权负担，后又将该土地发包给第三人并为其设立土地承包经营权时，该土地承包经营权人应当继续负担原已设立的地役权。具体至本案，乙村身为乙村所辖水泊的集体所有权人，根据其与甲村签订的协议，负担为甲村提供取水便利的地役权。随后乙村虽将该水泊承包给村民丙，但根据法律规定村民丙作为土地承包经营权人仍应当继续负担该土地上已经设立的取水地役权。因此，村民丙应当清除所设障碍，为甲村取水继续提供便利。同时，乙村在本案中也有相应的责任，其身为该水泊的土地所有权人，仍应当按照其与甲村签订的协议为甲村取水提供便利、排除妨碍，乙村在本案中不作为即拒不履行上述合同义务的行为,即构成对取水地役权合同的违约。若甲村能提出相应证据证明因无法及时取水造成农业减产等合理损失,也可请求村民丙承担赔偿相应损失的侵权责任,或依照协议请求乙村承担赔偿相应损失的违约责任。

⚖️ 法律依据

《民法典》第三百七十八条 土地所有权人享有地役权或者负担地役权的,设立土地承包经营权、宅基地使用权等用益物权时,该用益物权人继续享有或者负担已经设立的地役权。

第四章　担保物权

38. 担保合同约定债务人不履行到期债务时，抵押财产归债权人所有的约定是否有效？

• 案例

甲为解决其生产经营所需资金问题，经中间人介绍向乙协商借款 50 万元。乙认为该笔借款风险过高，要求甲必须提供相应担保，否则其无法提供借款给甲。甲经考虑后同意以自有门面房一套作为抵押以提供担保。但此时乙又提出，只有甲接受"在三年借期届满后不能按时偿还借款本金及利息，该门面房即归乙所有以抵偿所欠借款本金及利息"的条款后，才会发放借款。甲迫于资金紧张，无奈只得同意。后双方签署了借款合同及抵押合同，并办理了门面房抵押登记手续。

三年后，甲因经营不善无法偿还相应借款本息，乙即按双方约定主张该门面房已归其所有，并要求甲腾空并交付门面房，同时协助办理过户登记手续。但经乙多次催要后，甲拒不交付该门面房。现乙诉诸法院，请求法院依据双方所签贷款及担保合同判请该门面房归属乙。

该合同中约定的甲在不能偿还借款本息时，该门面房即归乙所有以抵偿所欠借款本息的条款是否有效？人民法院是否会支持乙之诉请，判决该门面房归属乙所有并令甲交付？

- 结论

根据我国相关法律规定，该合同中约定的甲在不能偿还借款本金及利息时，该门面房即归乙所有的条款无效，人民法院不会支持乙的诉讼请求。

- 分析

抵押权人（享有抵押权一方）和抵押人（提供抵押财产一方）在债务履行期限届满前，约定债务人不履行到期债务、不能按期还款时，相关抵押财产直接归抵押权人所有的这一约定，名为流押条款。本案中"甲在三年借期届满后不能按时偿还借款本金及利息，该门面房即归乙所有以抵偿所欠借款本金及利息"这一条款属于流押条款，这种流押条款依法律规定是一律无效的。法律之所以如此规定在于保护债务人甲的利益，避免借款时债权人乙利用甲急需资金的相对劣势地位，迫使甲接受不合理的担保条款，加剧其借款成本。而且实践中抵押财产的价值往往远超出借款金额，若流押条款成立，抵押权人则必将获得不合理的暴利，违背民法的公平原则。

　　同时，尽管流押条款无效，但这并不影响合同其他条款的效力，抵押权依然可以成立生效，抵押权人乙可以就抵押财产优先受偿。乙可申请人民法院拍卖该抵押房产，并就拍卖所得价款，优先于甲的其他普通债权人受偿，即仅就房产拍卖价款还清甲所欠乙的借款本息等其他费用时，拍卖剩余价款才会分配给甲的其他普通债权人。若房产拍卖价款不足以偿还甲所欠乙的借款本息时，乙也仅只能身为普通债权人继续向债务人甲主张还款。总而言之，在该案例中，该房产不会直接属于乙所有。

　　若将该案例做出一定改编，甲与乙签订借款合同时仅约定甲提供其门面房作为抵押物，未约定甲不能到期还款时该房产直接归属于乙抵偿借款本息。而当3年后借款到期，而甲无法偿还借款本息时，甲与乙再行商议，该房产归属乙所有以抵偿借款本息，此时甲不存在上述借款时的相对劣势地位，该抵偿债务的约定并不违反法律规定，实属有效。若后续甲拒不交付该房产于乙，乙可依法诉请至人民法院申请强制执行。

⚖️ 法律依据

　　《民法典》第四百零一条　抵押权人在债务履行期限届满前，与抵押人约定债务人不履行到期债务时抵押财产归债权人所有的，只能依法就抵押财产优先受偿。

---

39. 抵押期间抵押人转让抵押财产的，抵押权人应如何维护自身利益？

• 案例

甲以其自有门面房开设一家餐馆，平日生意尚可，但在某年年初因流感疫情，人们多居家生火造饭、避免外出就餐，而这导致甲经营之餐馆顾客人数大幅下滑，但餐馆物料、人工、水电等费用仍正常开支，导致餐馆入不敷出，难以为继。为撑过经营困难时期，甲决定将其门面房抵押给银行以办理三年期小微企业融资贷款。不久，银行贷款审批通过，双方办理了房屋抵押登记，银行也于登记当日足额发放了贷款。

数月后，因疫情防控有力，当地政府决定降低疫情防控等级，人们也逐渐恢复往日正常生活，甲所经营餐馆客流量开始回升，经营状况逐渐向好。但好景不长，当地县政府决定翻修甲经营之餐馆前的一条公路，并沿道路两侧设置了隔离防护栏，因需要重新铺设城市水、电、天然气管道，工期延长，预计道路封闭长达6个月。道路封闭措施严重影响了甲餐馆的经营，因交通不便，少有顾客前去消费。加之大厨出于薪酬考虑跳槽至其他饭店，甲决定关闭餐馆另谋出路，将门面房转让给乙。双方经多日协商后签订了书面协议，同时约定不日即办理门面房过户手续。银行得知甲欲将门面房转让给乙后当即表示反对，但甲以其为门面房所有权人有权处置门面房为由拒绝了银行的要求。那么银行是否有权阻止甲将涉案门面房转让?

● **结论**

银行无权阻止甲将涉案门面房转让。

● **分析**

出于促进商品流转、以使物尽其用的原则,只要当事人之间没有禁止转让的约定,《民法典》并不阻止抵押期间抵押财产的转让。本案中甲和银行之间签订的贷款及抵押合同并未约定抵押人甲在抵押期间不得转让抵押财产,因此,甲可以在抵押期间将抵押财产门面房转让给乙。当然,甲和银行也可在订立合同之初,就在合同内约定未经抵押权人银行同意,甲不得转让抵押财产。如此甲将门面房转让给乙就必须征得银行同意,银行有权阻止甲的转让的行为。

后续思考,法律在促进商品流转、实现物尽其用的同时,也同样会注重保护当事人的合法权益,也即在当事人无相关约定以禁止抵押人在抵押期间转让相关抵押财产时,抵押权人的权益依然可以得到完善的保护,这是因为抵押权这一负担会随着抵押财产所有权的转让而移转。从抵押权人银行的角度出发,抵押权人银行对转让的抵押财产的抵押权不受影响,银行仍对涉案门面房享有抵押权。从抵押财产受让人乙的角度出发,乙在取得抵押财产所有权的同时,也同时负有抵押人须负担的义务,受到抵押权的约束。因此在甲到期不能还款时,银行依然可以向人民法院申请拍卖、变卖涉案抵押门面房以实现其抵押权,乙无权阻止。

　　同时，受让人乙更不得减损抵押财产的价值以影响抵押权人的权益。若本案中甲将门面房转让给乙后，乙欲重新进行装修，且装修涉及房屋结构变动。根据我国相关法律规定，抵押人转让抵押财产的，应当及时通知抵押权人。抵押权人能够证明抵押财产转让可能损害抵押权的，可以请求抵押人将转让所得的价款向抵押权人提前清偿债务或者提存。若银行可提出相应证据，证明甲的装修会影响房屋建筑结构，贬损房屋价值，进而损害其对涉案门面房享有的抵押权，那么银行即可要求甲以门面房转让价款提前偿还贷款或者将相应价款予以提存，如此，抵押权人的利益也可得到完善的保护。总之，在促进商品流转、实现物尽其用和当事人利益保护之间，《民法典》达到了一个绝妙的平衡。

法律依据

　　《民法典》第四百零六条　抵押期间，抵押人可以转让抵押财产。当事人另有约定的，按照其约定。抵押财产转让的，抵押权不受影响。

　　抵押人转让抵押财产的，应当及时通知抵押权人。抵押权人能够证明抵押财产转让可能损害抵押权的，可以请求抵押人将转让所得的价款向抵押权人提前清偿债务或者提存。转让的价款超过债权数额的部分归抵押人所有，不足部分由债务人清偿。

40. 抵押权设立前，抵押财产已出租的，原租赁关系是否受抵押权的影响？

• **案例**

某年 3 月，甲为筹集公司运营资金，决定将其某地某路 26 号房屋抵押向银行申请贷款 100 万元。银行经审核资料后通过了甲的贷款申请，双方于 3 月 25 日签订了贷款及抵押合同，并于 4 月 5 日办理了房屋抵押登记。

就在甲申请银行贷款的同时，甲决定将该 26 号房屋挂牌出租以收取租金。3 月 30 日，乙经中介介绍查看了该 26 号房屋，其认为该房屋附近交通便利且租金公允，心中颇为满意。第二天，3 月 31 日，甲和乙签订了 3 年期房屋租赁协议，当天，在乙支付房屋押金和首期租金后，甲向乙交付了房屋钥匙，乙则于当天拎包入住。

第二年 9 月，甲所在公司因经营不善，破产倒闭。鉴于此情况，银行决定行使其抵押权拍卖甲所抵押当地该路 26 号房屋。在得知乙正入住在其中时，银行要求乙即刻清退，以便其将房屋拍卖。而乙主张，其有合法的租赁协议，有权依照协议继续居住于此。问银行能否要求乙清退？

• **结论**

银行不能要求乙清退出该房屋。

分析

本案首先要确认银行对涉案 26 号房屋所享有抵押权的成立时间。抵押权是担保物权，依据我国相关法律规定，设定抵押权除了要订立抵押合同之外，对某些财产设置抵押权还须进行抵押权登记，并且只有经过抵押权登记，才能发生抵押权的效果，而这些财产中，建筑物（房屋）就属于其中之一。而法律之所以如此规定，其一是为了保障交易安全，通过抵押权登记，将财产上是否设定了抵押权的状态向外界加以展示，节省交易成本，而且能够有效地避免抵押权人与其他利害关系人发生利益冲突，维护交易安全；其二是强化抵押权的效力，在抵押权经过登记后，法律就视为第三人已经知晓抵押权的存在，因而也就不存在善意第三人可以抗衡抵押权。除此外，建设用地使用权、海域使用权及正在建造的建筑物也属于须办理登记抵押权方才设立的类别。

3 月 25 日	3 月 31 日	4 月 5 日
签订房屋抵押合同但未登记 抵押权未设立	抵押房屋出租 并转移占有	办理房屋抵押登记 抵押权设立

本案中甲与银行签订抵押合同的时间为第一年 3 月 25 日，但当日并未办理房屋抵押登记，因此 3 月 25 日银行的抵押权并未成立，直到 4 月 5 日，房屋抵押登记办理完成，此时银行对 26 号房屋享有的抵押权才得以成立。

其次，为了促进商品流转、以实现物尽其用，法律并未禁止抵押人将抵押物进行出租。同时为了平衡抵押权人和租赁权人的利益，法律确立了"孰先孰后"的原则以解决二者之间的利益冲突。若在抵押权设立前，抵押财产已经出租并且转移占有的，该租赁关系不受抵押权的影响；但若在抵押权设立后，抵押财产方才出租，或抵押权设立前已签署租赁合同但并未完成交付移转租赁财产占有的，该租赁关系不得对抗抵押权。

本案中甲将房屋租赁给乙并完成交付的时间为 3 月 31 日，早于抵押权设立的时间即 4 月 5 日。据此，甲和乙之间的房屋租赁关系，不受银行抵押权的影响，银行不能要求乙清退房屋。银行若行使其抵押权将房屋拍卖，则受让人也只能在合同租赁期内接受乙继续居住于房屋内。

本案须注意两个要点。一是租赁关系不受抵押权影响的时间节点为抵押权设立前，而非订立抵押合同前。二是租赁关系不受抵押权影响的前提条件为抵押财产已出租并且转移占有。若本案在 4 月 5 日抵押权设立前，甲乙双方仅签订了房屋租赁合同，但并未移转房屋占有，如甲未向乙交付房屋钥匙，乙未能入住，那么双方的租赁关系仍会受到银行抵押权的影响。

⚖ 法律依据

《民法典》第三百九十五条　债务人或者第三人有权处分的下列财产可以抵押：

（一）建筑物和其他土地附着物；

（二）建设用地使用权；

（三）海域使用权；

（四）生产设备、原材料、半成品、产品；

（五）正在建造的建筑物、船舶、航空器；

（六）交通运输工具；

（七）法律、行政法规未禁止抵押的其他财产。

抵押人可以将前款所列财产一并抵押。

《民法典》第四百零二条 以本法第三百九十五条第一款第一项至第三项规定的财产或者第五项规定的正在建造的建筑物抵押的，应当办理抵押登记。抵押权自登记时设立。

《民法典》第四百零五条 抵押权设立前，抵押财产已经出租并转移占有的，原租赁关系不受该抵押权的影响。

41. 债务人低价将其名下已抵押财产转让的，其他债权人该如何维护自身合法权益？

• **案例**

甲因经营周转需要，曾向合作伙伴丙借款 50 万元，并以其名下 1 号门面房作为抵押，为丙办理了抵押登记手续。此后某日，甲为缓解资金周转困难情形，向其从小玩到大的兄弟乙商议借款 50 万元。乙考虑到和甲为多年好友，双方交情颇深，兄弟有难自己该帮扶一把，于是同意了借款请求，于当月以转账方式将 50 万元转至甲银行账户。然而乙碍于面子，在出借款项时并未要求甲提供相应担保。

2 年后，甲所欠乙借款到期，甲与乙经商议后，甲向乙承诺，6 个月内将其名下 1 号门面房出售，且所得价款经偿还其欠丙之借款 50 万元后，剩余拍卖价款优先偿还其欠乙之 50 万元债务。乙经向中介机构查询，评估 1 号门面房市值约 120 万元。乙考虑后认为该门面房出售价款可以满足偿还其借款的需要，同意了甲的提议，双方达成一致意见并签订了书面协议。

但随后甲和丙决定，甲将其 1 号门面房以 60 万元价格出售给丙，丙将其对甲的 50 万元债权折价抵销后，另向甲支付 10 万元现金。双方于当月完成了款项交割并且办理了 1 号门面房过户登记。

乙得知后大为光火，多次前去与甲协商，但除了拿到丙支付于甲的 10 万元现金，甲以其再无任何资产为由拒绝偿还剩余欠款 40 万元。问此时乙该如何维护自己的合法权益，讨要自己剩余的 40 万元款项？

• **结论**

乙可以向人民法院起诉，请求人民法院撤销甲和丙之间的门面房买卖协议。

• 分析

实现抵押权的方法有多种，如抵押权人可以和抵押人协商以抵押财产替代清偿受担保的债权，由抵押权人取得抵押财产的所有权，受担保的债权在协议抵偿的金额范围内消灭；此外，也可以将抵押财产拍卖、变卖，将所得价款优先偿还于抵押权人。

本案中甲当然可以将抵押给丙的门面房变卖出售，所得价款优先偿还其欠抵押权人丙之债务即可。但是，抵押财产折旧变卖时，应当参照市场价格。甲若将门面房按市场价格120万元卖出，扣除其欠丙50万元后，剩余价款70万元可部分用于偿还于乙。但甲将门面房以60万元这一远低于市场价格折价卖给丙，扣除其欠丙的50万元后，仅余价款10万元偿还于乙，严重损害了债权人乙之权益，违背了诚实信用原则，《民法典》必将予以调整，以惩治甲的不当行为、保护债权人乙的合法权益，彰显法律的公平正义。在此种情况下乙可以以甲和丙之间转让1号门面房的协议损害其利益为由，请求人民法院撤销该协议。

⚖ 法律依据

《民法典》第四百一十条　债务人不履行到期债务或者发生当事人约定的实现抵押权的情形，抵押权人可以与抵押人协议以抵押财产折价或者以拍卖、变卖该抵押财产所得的价款优先受偿。协议损害其他债权人利益的，其他债权人可以请求人民法院撤销该协议。

抵押权人与抵押人未就抵押权实现方式达成协议的，抵押权人可以请求人民法院拍卖、变卖抵押财产。

抵押财产折价或者变卖的，应当参照市场价格。

---

42. 同一财产设置了多个抵押权的该如何处理？

● **案例**

新迈汽车租赁公司是一家以租赁汽车为主营业务的企业，平日生意红红火火，但近年来互联网打车逐渐兴起，导致新迈公司汽车租赁生意惨淡，营业收入一落千丈。但公司人工、水电、汽车维护等费用仍正常开支，导致公司入不敷出，难以为继。为撑过经营困难时期，新迈公司决定以其汽车展销大厅为抵押向甲银行申请贷款，甲银行认为新迈公司是其长期合作伙伴，且信用状况良好，可以加速办理贷款手续。经审核通过于某年 1 月初发放了贷款 300 万元，并约定尽快办理房产抵押手续。但后续因甲银行工作人员疏忽，导致甲银行于当年 3 月才办理完毕汽车展销大厅的抵押登记。

同时在当年 2 月，新迈公司因经营需要再次以其汽车展销大厅为抵押向乙银行申请贷款，乙银行经向不动产登记机关查询得知新迈公司的汽车展销大厅处于正常状态。当月经审批后，发放了贷款300万元，同时在不动产登记机关办理完毕汽车展销大厅的抵押登记。

第二年，新迈公司经营状况持续惨淡，难以按期偿还所欠汽车供应商丙、丁、戊的货款，所欠货款数额分别为60万、90万和150万。经协商丙、丁、戊公司同意宽限新迈公司延迟一年还款，但必须提供相应担保。新迈公司最终以其名下汽车整体先后抵押给丙、丁、戊三家公司，但只有戊公司随后办理了抵押登记手续。

第三年，新迈公司经营状况仍未得以改善，迫于无奈，新迈公司股东向人民法院提交了破产申请，人民法院经审查后裁定新迈公司破产进入清算程序，并将新迈公司所属包括涉案展销大厅、汽车等资产予以拍卖、变卖处置。但因政府强化对房地产行业的宏观调控，新迈公司的汽车展销大厅出现了较大程度的价值贬损，经法院公开拍卖所得出售价款仅得400万元，已无法全部偿还其欠甲、乙银行全部贷款本息。新迈公司名下的汽车也因缺乏维护保养而出现了一定幅度的贬值，变卖所得价款仅为200万元，无法偿还新迈公司所欠丙、丁、戊的全部债务。甲银行和乙银行就如何分配展销大厅拍卖价款无法达成一致意见，而丙、丁、戊也在为如何分配汽车变卖所得价款争执得不可开交。

本案应如何处理甲、乙银行及丙丁戊的利益诉求？

- 结论

汽车展销大厅的拍卖价款清偿顺序为先清偿乙银行，后清偿甲银行。汽车变卖的价款清偿顺序为先清偿戊，对于丙和丁，按照其债权比例清偿。

- 分析

同一财产向两个以上的债权人抵押的，拍卖、变卖抵押财产所得价款的清偿顺位，依据是否登记及登记先后顺序，有以下三项规则：

（1）抵押权都已经登记的，按照登记的先后顺序清偿。如果抵押登记的日期是在同一天的，则登记的顺序相同，按照债权比例清偿。

（2）抵押权已经登记的，先于未登记的受偿。已经登记的优先清偿，没有登记的，只能在经过登记的抵押权实现后，以剩余的抵押财产受偿。

（3）抵押权未登记的，经抵押权担保的债权仍然是平等债权，不具有对抗效力，彼此之间无优先受偿权，按照债权比例平均清偿。

本案中针对汽车展销大厅上所成立的抵押权，分析如下：

1 月	2 月	3 月
甲银行与新迈公司签订抵押合同，但并未登记，甲银行对汽车展销大厅的抵押权此时未设立	乙银行与新迈公司签订抵押合同，且办理完毕抵押登记，乙银行对汽车展销大厅的抵押权设立	甲银行办理完毕抵押登记手续，其对汽车展销大厅的抵押权方才设立

以建筑物作为抵押的，应当办理抵押登记，抵押权自登记时设立。新迈公司将其名下汽车展销大厅先后抵押给了乙银行和甲银行，且抵押权均向有关部门办理了抵押登记，因此甲、乙银行都对汽车展销大厅享有抵押权。但是，甲银行对新迈公司的债权虽成立在先，但因抵押登记时间迟后于乙银行所办理的抵押登记时间，依照"抵押权都已经登记的，按登记的先后顺序清偿"规则，拍卖汽车展销大厅的价款应当优先偿还新迈公司所欠乙银行的债务，仅当汽车展销大厅拍卖价款偿还完毕乙银行所享债权 300 万元时，剩余价款 100 万元才会分配给甲银行。

针对汽车上所成立的抵押权，分析如下：

丙	丁	戊
抵押权未登记	抵押权未登记	抵押权登记

针对汽车这一动产，法律并未规定须办理抵押登记时抵押权方才设立。因此这一类财产，抵押合同成立生效时，抵押权即设立。分析本案，丙、丁、戊三者对汽车所享有的抵押权均已设立。但三者中只有戊的抵押权办理了登记手续，因此汽车变卖的价款应当优先偿还新迈公司所欠戊的债务 150 万元，此时汽车变卖价款尚有剩余 50 万元，则按照丙丁债权比例（60：90）进行分配，丙分得 20 万元，丁分得 30 万元。

《民法典》第四百一十四条 同一财产向两个以上债权人抵押的，拍卖、变卖抵押财产所得的价款依照下列规定清偿：

（一）抵押权已经登记的，按照登记的时间先后确定清偿顺序；

（二）抵押权已经登记的先于未登记的受偿；

（三）抵押权未登记的，按照债权比例清偿。

其他可以登记的担保物权，清偿顺序参照适用前款规定。

43. 同一财产既设置了抵押权，又设置了质权的，该如何确定清偿顺序？

• **案例**

周庄村村民甲为给其子筹办婚礼，出于面子考虑欲将婚礼操办得颇有排场，但因前期给其子在县城购置房产已耗尽家财，便找好友乙欲向其借款 8 万元，乙担心甲届时难以偿还本金及利息，便要求甲提供担保。因在县城所购房产已抵押给银行，甲只得以其名下轿车一辆作为抵押，后甲与乙达成书面协议，甲借到乙人民币 6 万元整，约定期限 3 年，月息 5 厘。乙于签订协议当日将 6 万元现金交付于甲之手。

此后，甲觉得 6 万元尚不足以囊括婚礼所需全部开支，又找向好友丙，提出将其名下轿车出质给丙换取借款 6 万元，借期三年，丙表示同意。次日，甲将汽车开至丙楼下并将车辆钥匙交付于丙之手中，丙于第二天以银行转账方式将 6 万元借款转至甲银行账户。

3 年后，甲所欠乙借款到期，乙多次催讨甲偿还借款本息，但甲均以资金紧张、请求宽延为由拒绝偿还。乙迫于无奈只得向当地人民法院起诉。经法院审理，乙这才得知甲已将其名下汽车出质于丙。经法院调解，甲、乙、丙三人均同意将汽车拍卖以偿还各方债务，但甲名下汽车经公开拍卖仅得价款 7 万元，不足以偿还全部债务。乙主张其抵押权设置早于丙与甲之间成立的质押合同，汽车拍卖价款应优先偿还自己；而丙主张车在我手中，必须优先偿还自己借款。双方争执得不可开交，调解无法达成一致意见。问法院此时应如何依法分配汽车拍卖价款？

- **结论**

质权优先于未登记的抵押权，汽车拍卖价款应优先分配于偿还甲所欠丙借款本息及其他费用。

- **分析**

甲以其名下车辆既为乙设置了抵押权，又为丙设置了质权，则拍卖汽车的价款需要按照汽车抵押权登记和汽车出质交付的时间先后确定清偿顺序。

乙虽主张其与甲合同成立在先，但此时合同成立先后并不影响清偿的顺位，这是因为甲与乙之间的抵押合同仅成立于甲乙二者之间，对于其他当事人而言并不知晓这一状况，因此动产抵押权未经登记，不得对抗善意第三人。因乙从未对其所享有的汽车抵押权办理过抵押登记，而甲已向丙交付该汽车，在登记、交付时间上可视为出质交付的时间早于抵押权登记的时间，因此该汽车拍卖价款的清偿顺位先为丙质权，后为乙抵押权，仅得汽车拍卖价款 7 万元应优先偿还甲所欠丙借款本息及其他费用，剩余部分才会开始偿还甲所欠乙借款本息等其他费用。

后续思考，若乙与甲在签订借款合同当日即办理完毕汽车抵押登记手续，即乙所享有的抵押权登记时间早于甲将汽车出质于丙的交付时间，情况则大为不同，此时汽车拍卖价款将要优先偿还甲所欠乙借款本息及其他费用。

法律依据

《民法典》第四百一十五条　同一财产既设立抵押权又设立质权的，拍卖、变卖该财产所得的价款按照登记、交付的时间先后确定清偿顺序。

44. 购买动产时将该动产抵押用以担保分期支付购买价款，但设置抵押登记前相关动产又被质押，应如何确定清偿顺序？

• **案例**

甲公司为充实门面，决定购买豪车一辆。某年 3 月 8 日，甲前去保时捷官方授权店，见得保时捷 911 Carrera，心中颇为喜爱，进行了试驾，但因超出预算，囊中羞涩，接连叹气数声后准备离开。见此情形，颇识顾客心理的销售人员当即提出本店正在开展限时促销活动，现在购买可以首付 50%，剩余车款分 5 年分期支付。甲闻之大喜，当即准备支付首付款将车开走，但在签订购买合同时方得知分期支付须以车辆抵押给车店为条件。甲犹豫不决，此时销售人员提出可以先支付 50% 首付款将车辆开走，若不满意 7 天内可以退车并全额退款。甲难以割舍，遂下定决心与车店签订了汽车购买合同和抵押合同，同时支付了首付款 65 万元将车辆开走。

3 月 12 日，甲在开 911 Carrera 兜风时，偶遇债主乙。乙见甲新购豪车，当即要求甲偿还欠款 100 万元。甲请求宽限几天，但乙认为你既然有钱购买豪车，那也有钱还我欠款，不能再行拖延。经双方讨价还价，甲将其 911 Carrera 质押给乙，乙则同意甲迟延 3 个月还款。

3 月 15 日，购车 7 天之限届满。甲因车辆不在其手中，再加之其也十分喜爱该车,便与车店补充签订了分期付款协议,协议中约定了若甲迟延支付每期款项时间超出 6 个月,车店有权要求甲提前支付所有剩余款项。当日,甲和车店向有关部门办理了车辆抵押登记。

3 个月之后,甲仍未归还乙欠款,乙心想反正车在我手中,我也不吃亏,便不再紧逼。

弹指之间,时间已到次年 3 月。甲因经营不善,已债务缠身,难以支付当年汽车分期款额 13 万元。车店经数次催告仍无果,当年 9 月,车店向人民法院提交诉状,请求人民法院拍卖抵押汽车,提前清偿剩余全部购车款。法院在审理中发现,汽车已被甲质押于乙。乙得知后向人民法院主张,拍卖汽车价款应当先清偿甲所欠自己债务。后因汽车贬值速度较快,该汽车拍卖仅得 90 万元。问该汽车拍卖价款应如何分配?

- **结论**

汽车拍卖价款应首先偿还抵押权人车店 65 万元,剩余 25 万元用于偿还质权人乙。

- **分析**

乙对汽车所享质权成立于汽车交付之日,即第 1 年 3 月 12 日。车店对汽车所享的抵押权登记时间为第 1 年 3 月 15 日。可以看出,汽车质权成立的时间早于汽车抵押权登记的时间。若根据《民法典》第四百一十五条,同一财产既设立抵押权又设立质权的,拍卖、变卖该财产所得的价款按照登记、交付的时间先后确定清偿顺序。那么汽车拍卖价款应首先偿还质权人乙债权，再后偿还于抵押权人车店。但是，这种结论是错误的，属于法律规定适用错误。

《民法典》第四百一十六条规定，动产抵押担保的主债权是抵押物的价款，标的物交付后十日内办理抵押登记的，该抵押权人优先于抵押物买受人的其他担保物权人受偿，但是留置权人除外。车店与甲签订车辆购买合同并将车辆交付于甲的时间为第 1 年 3 月 8 日，车店对汽车所享的抵押权登记时间为第 1 年 3 月 15 日，属于车辆在交付后十日内办理抵押登记的情形。根据《民法典》第四百一十六条，抵押权人优先于抵押物买受人的其他担保物权人受偿，因此车辆拍卖价款的偿还顺序是抵押权人车店优先于质权人乙。即汽车拍卖借款应首先偿还抵押权人车店 65 万元，剩余 25 万元用于偿还质权人乙。

那么，本案根据《民法典》第四百一十五条和第四百一十六条分别得出了相反的结论，为什么应选择适用《民法典》第四百一十六条呢？

分析相关法律条文内容，《民法典》第四百一十五条属于抵押权和质权顺位的一般规则，而第四百一十六条属于购买价款抵押权和其他担保物权顺位的特别规则，根据法律适用的一般规则，特别法优先于普通法。在满足特别法适用的情况下，应优先适用特别法。在本案中即应当优先使用特别法即《民法典》第四百一十六条。

法律依据

《民法典》第四百一十五条 同一财产既设立抵押权又设立质权的，拍卖、变卖该财产所得的价款按照登记、交付的时间先后确定清偿顺序。

《民法典》第四百一十六条 动产抵押担保的主债权是抵押物的价款，标的物交付后十日内办理抵押登记的，该抵押权人优先于抵押物买受人的其他担保物权人受偿，但是留置权人除外。

45. 如何判断最高额抵押债权的确定时间？

• **案例**

甲经营一家机电产品加工企业，某年年初，为扩大生产经营规模，便找供应商乙寻求购买原材料。甲向乙协商，因其资金较为紧张，希望能购买原材料时宽延账期。乙考虑到其购买数量较大，同意赊销，但要求甲必须为相应价款提供担保。

甲为此找向了曾在同一部队服役多年的战友丙。丙讲义气、重感情，决定帮战友这个忙，为其赊购原材料提供担保。经甲、乙、丙三方协商，甲和乙达成了原材料购买协议，甲先从乙处进货，当年年末再行结算货款。与此同时，丙将其名下的某地某路253号房产抵押给乙，为甲当年在乙处购买原材料提供最高额200

万元的担保。当年2月3日，各方前去有关部门办理了房屋抵押登记手续。2月10日，乙决定携家人前往温暖的三亚度过春节，当日即乘坐飞机前往三亚。

2月23日，丙因不履行到期债务，其债权人向人民法院申请强制执行。人民法院经审理后，查封了丙名下的该地某路253号房产。但甲、丙以及人民法院均未及时通知乙这一信息。

3月1日，甲因生产经营急需原材料，向还在三亚度假的乙协商购买机电备件，双方以传真方式签订了价值50万元的机电备件购销合同。

3月15日，乙度假完毕，自三亚返回当地，此时方才得知丙253房产已被抵押的事实。乙即刻向人民法院主张其对丙被查封房屋享有最高额抵押权，请求优先受偿253号房产拍卖价款。但丙的债权人主张，253号房产查封于2月23日，而甲、乙之间签订的50万元购销合同成立于3月1日。乙不应对253号房产享有抵押权。乙以其不知情为由表示反对。问乙能否优先受偿丙253号房产拍卖价款？

● 结论

乙可以优先受偿丙253号房产拍卖价款。

● 分析

本案关键在于辨别乙作为最高额抵押权人，其债权的确定时间。根据我国相关法律规定，抵押权人知道或者应当知道抵押财产被查封、扣押的，抵押权人的债权确定。尽管抵押财产253

号房产查封于 2 月 23 日，但乙此时在外，在甲和丙以及人民法院均未及时通知乙的情况下，不知道也不应当知道 253 号房产被查封的事实，此时乙受 253 号房屋抵押权担保的债权尚未确定。一直到 3 月 15 日乙方得知 253 号房产被查封的事实，此时乙受 253 号房屋抵押权担保的债权才得以确定，因此最终受房屋抵押权担保的债权数额为 3 月 1 日购销合同确定的 50 万元。乙可以优先受偿丙 253 号房产拍卖价款。

⚖️ 法律依据

《民法典》第四百二十三条　有下列情形之一的，抵押权人的债权确定：

（一）约定的债权确定期间届满；

（二）没有约定债权确定期间或者约定不明确，抵押权人或者抵押人自最高额抵押权设立之日起满二年后请求确定债权；

（三）新的债权不可能发生；

（四）抵押权人知道或者应当知道抵押财产被查封、扣押；

（五）债务人、抵押人被宣告破产或者解散；

（六）法律规定债权确定的其他情形。

46. 出质人与质权人约定倘若债务人到期无法偿还债务，则将质押物直接归于质权人所有，该约定内容如何处理？

● **案例**

甲因创业需要，向乙借款 5 万元，约定还款期限为半年，并以甲的汽车作为质押担保且借款七日内甲需将汽车交付给乙，若到期甲不能全额归还借款，则甲的汽车无条件过户至乙名下，双方就上述内容签订书面合同。半年后，甲因创业失败，资金链断裂，无法偿还借款。随后乙将甲诉至法院，要求法院将甲的汽车判决归乙所有，请问法院能否支持乙的诉求？

● **结论**

法院不能支持乙的诉求。

● **分析**

本案中甲和乙以书面方式签订借款与质押担保合同，合同内容真实地体现了双方的意见需求，所以合同合法有效。但在其合同协议中，甲和乙约定倘若到期无法偿还借款，则将甲名下的汽车无条件过户至乙名下，这显然不符合《民法典》第四百二十八条的规定，为无效条款。该条设置的意义主要就是为了维护甲的利益，甲向乙借了 5 万块，但作为担保物的汽车价值要大于 5 万元，甲到期无法归还借款，就必须直接用他的汽车来抵销 5 万元的债务，相当于乙低价就取得了甲的汽车所有权，这有违交易公平原则，所以甲和乙的此项约定因违反法律而无效，但乙可以在被质押的汽车拍卖、变卖后，对其所取得的拍卖、变卖款优先受偿。

⚖ 法律依据

《民法典》第四百二十五条　为担保债务的履行，债务人或者第三人将其动产出质给债权人占有的，债务人不履行到期债务或者发生当事人约定的实现质权的情形，债权人有权就该动产优先受偿。前款规定的债务人或者第三人为出质人，债权人为质权人，交付的动产为质押财产。

《民法典》第四百二十七条　设立质权，当事人应当采用书面形式订立质押合同。

质押合同一般包括下列条款：

（一）被担保债权的种类和数额；

（二）债务人履行债务的期限；

（三）质押财产的名称、数量等情况；

（四）担保的范围；

（五）质押财产交付的时间、方式。

《民法典》第四百二十八条　质权人在债务履行期限届满前，与出质人约定债务人不履行到期债务时质押财产归债权人所有的，只能依法就质押财产优先受偿。

47. 应收账款能否出质？出质是否需要订立书面合同？

• **案例**

甲因创业需要，向乙借款 20 万元，约定还款期限为半年。而甲之前向丙销售了价值 10 万元的产品，且该产品已经全部交付给了丙，但丙始终未支付 10 万元价款，所以甲对丙享有应收账款债权。甲为担保向乙借款的顺利进行，甲于是将其对丙享有的该应收账款债权出质给乙，与乙以口头方式订立质押担保合同。一礼拜后，甲、乙、丙在权利质权登记机关办理出质登记。半年后，甲因创业失败，资金链断裂，无法到期清偿对乙的 20 万元债务。乙将甲、丙诉至法院，要求法院拍卖该应收账款债权并对拍得的价款进行受偿，法院能否支持？

• **结论**

法院应支持乙的诉求。

• **分析**

本案中，甲、乙与丙虽以口头方式订立质押担保合同，但《民法典》并未要求以书面形式订立合同，且合同内容真实地体现了三方的意思表示，所以质押担保合同合法有效。在甲已交付产品的情况下，丙始终未支付 10 万元价款，因而甲对丙享有的应收账款债权具有处分权。并且甲、乙与丙已经在相关机关办理了出质登记，所以该项权利质权已设立。在甲到期无法偿还乙的 20

万元债务时，乙可请求法院拍卖、变卖甲对丙所享有的该项应收账款，并就拍卖、变卖所取得的款项受偿。

法律依据

《民法典》第四百四十条 债务人或者第三人有权处分的下列权利可以出质：

（一）汇票、本票、支票；

（二）债券、存款单；

（三）仓单、提单；

（四）可以转让的基金份额、股权；

（五）可以转让的注册商标专用权、专利权、著作权等知识产权中的财产权；

（六）现有的以及将有的应收账款；

（七）法律、行政法规规定可以出质的其他财产权利。

《民法典》第四百四十五条 以应收账款出质的，质权自办理出质登记时设立。应收账款出质后，不得转让，但是出质人与质权人协商同意的除外。出质人转让应收账款所得的价款，应当向质权人提前清偿债务或者提存。

48. 债务人不履行到期债务，债权人可以扣留（留置）财产吗？

- **案例**

今年高三刚刚毕业的甲新买了一台笔记本电脑。不久后电脑配件坏了，运行卡顿严重，于是甲前往该品牌电脑官方服务点进行维修。三天后店里的员工修理好电脑，并告诉甲需要支付维修费 1500 元。但甲每个月生活费只有 1000 元，而且他是学生，没有工作，因此没有任何经济来源，无法承担该项费用。该品牌电脑官方服务点可否扣留（留置）甲的电脑？

- **结论**

该品牌电脑官方服务点可扣留（留置）甲的电脑。

- **分析**

本案中电脑官方服务点为甲提供电脑维修服务，但甲却无力承担 1500 元的维修费用，因此甲与电脑官方服务点形成了一种债权债务关系。该服务点为督促甲能够及时缴纳 1500 元，避免甲逃脱此项债务，没有将电脑归还给甲，而是选择扣留（留置）了甲的电脑，这是合法有效的，符合《民法典》第四百四十七条、第四百四十八条规定。但服务点在扣留电脑后，需要与甲商量还款时间，若甲到期仍然无法支付 1500 元，可以以市场价格折价出售或者拍卖变卖电脑，并就拍卖、变卖所取得的款项来偿还维修费用。同时电脑在扣留（留置）期间其所有权仍然属于甲，所以服务点在扣留（留置）期间需要履行妥善保管义务，不得私自将甲的电脑私自出租、出售给他人。

⚖ 法律依据

《民法典》第四百四十七条　债务人不履行到期债务，债权人可以留置已经合法占有的债务人的动产，并有权就该动产优先受偿。前款规定的债权人为留置权人，占有的动产为留置财产。

《民法典》第四百四十八条　债权人留置的动产，应当与债权属于同一法律关系，但是企业之间留置的除外。

---

49. 留置权人能否立即实现留置权？

• 案例

甲在黄墩路与清溪路交叉路口发生交通事故，其汽车车身遭受了一定的损伤，遂前往汽车 5S 服务店进行维修。2 月 1 日，5S 服务店对甲的汽车进行完全修复后，告知甲修理费为 5000 元。但受新冠疫情影响，甲所在的公司倒闭，甲滞留在老家，始终没有进行二次就业，没有任何经济来源。甲在向汽车 5S 服务店说明自己的难处后，汽车 5S 服务店决定先将甲的汽车进行扣留，同时双方协商达成协议："甲在 6 月 1 日前必须支付维修费，若甲尚未支付维修费，汽车 5S 服务店有权根据市场价格对其汽车进行销售，得到的价款予以偿还维修费，若有多余，则归还给甲。"6 月 1 日，甲如期支付汽车修理费 5000 元，甲能否要求汽车 5S 服务店归还自己的汽车？

• 结论

甲可以要求汽车 5S 服务店归还自己的汽车。

• 分析

在本案中，汽车 5S 服务店为甲的汽车提供维修服务，但甲无法立即支付汽车 5S 服务店的 5000 元的修理费，因此甲与汽车 5S 服务店形成了一种债权债务关系，汽车 5S 店据此扣留甲的汽车，合法有效，符合《民法典》第四百四十七条、第四百四十八条规定。汽车 5S 服务店也非常人性化，考虑到受新冠疫情的影响，甲就业环境确实艰辛，于是与甲商量，给予其大约 3 个月的宽限期，当然也为了进一步保证甲能够偿还 5000 元修理费，维护自己的合法权益，双方同时约定了甲若在宽限期内仍不履行债务的处理方式，这是兼顾公平与效率原则的体现，符合《民法典》第四百五十三条、第四百五十五条的规定。6 月 1 日，甲确实如期支付了汽车修理费 5000 元，因此汽车 5S 店扣留甲汽车的法律基础已消失，汽车 5S 服务店应归还甲的汽车。

⚖ **法律依据**

　　《民法典》第四百五十三条　　留置权人与债务人应当约定留置财产后的债务履行期限；没有约定或者约定不明确的，留置权人应当给债务人六十日以上履行债务的期限，但是鲜活易腐等不易保管的动产除外。债务人逾期未履行的，留置权人可以与债务人协议以留置财产折价，也可以就拍卖、变卖留置财产所得的价款优先受偿。留置财产折价或者变卖的，应当参照市场价格。

　　《民法典》第四百五十五条　　留置财产折价或者拍卖、变卖后，其价款超过债权数额的部分归债务人所有，不足部分由债务人清偿。

第五章　占　有

50. 权利人能否请求无权占有人返还财产？无权占有人承担的必要费用如何处理？

• **案例**

甲因为喜欢打游戏新买了一台笔记本电脑。因长江流域接连暴雨，甲家乡发生洪涝灾害，甲家进行了财产转移，但过程中不慎遗失该电脑。乙捡到了甲丢失的电脑，于是放在自己家的电脑店正常进行出售。今年高三刚刚毕业的丙以市场价格购买了该电脑，但丙并不知道这是乙捡到的。电脑买了没多久，丙发现笔记本系统运行卡顿，于是前往官方服务点进行电脑维修，花费了 1000 元。恰逢甲准备重新购买同款笔记本，发现丙电脑是自己丢失的那台，请问甲能否请求丙归还该笔记本？丙能否要求甲承担电脑维修费 1000 元？

- **结论**

甲有权请求丙归还该笔记本，丙可以要求甲承担电脑维修费 1000 元。

- **分析**

本案中，乙捡到甲丢失的电脑，并未通过失物招领等方式归还给甲，而是选择放在电脑店正常进行出售。丙以市场价格购买了该电脑，误以为其买到的是正规渠道出售的原装正品，对购买的电脑是遗失物这一事实是完全不知情的，但由于该电脑所有权属于甲，所以丙对该电脑是无权占有，同时也是善意的无权占有。

另外由于该笔记本电脑是遗失物，丙虽然是善意的占有人，但遗失物不适用于善意取得制度。根据《民法典》第四百六十条规定，丙应向甲返还该笔记本电脑，同时为保护丙的合法利益，甲应该支付丙所承担的电脑维修费 1000 元。

⚖ 法律依据

《民法典》第四百六十条 不动产或者动产被占有人占有的，权利人可以请求返还原物及其孳息；但是，应当支付善意占有人因维护该不动产或者动产支出的必要费用。

---

51. 恶意无权占有人是否需要赔偿损失？

● 案例

甲乙两人相约在烧烤摊聚会。中途甲去卫生间，就将手机放在座位前的桌上，后来甲迟迟未归。散场时烧烤摊老板走过去举起甲的手机提醒道，"大家别忘了带上自己的东西，拿上手机！"乙说："给我吧！这是我朋友的。"烧烤摊老板看乙是甲的朋友，就把甲手机交给了乙。但事后乙否认烧烤摊老板将甲手机交给自己一事，并没有将手机归还给甲。经查甲手机价格 4000 元，手机中存有大量的学习资料和视频文件。现甲将乙诉至法院要求乙返还手机，若返还不能，请求乙赔偿损失 4000 元。法院能否支持甲的诉求？

● 结论

法院应支持甲的诉求。

● 分析

公民合法财产受法律保护。本案中手机所有权属于甲，甲非基于自身意愿丧失手机的占有，乙无权占有该手机，所以权利人甲可以请求乙返还手机。同时烧烤摊老板将甲的手机交给乙后，乙应及时将手机交还甲，但乙矢口否认，拒不交还，构成恶意占有他人财产。依据《民法典》第四百六十一条，若乙无法返还手机，甲可以请求其赔偿给自己造成的损失 4000 元。同时由于手机属于贵重物品，可能涉嫌盗窃罪等，甲也可以报警，请求公安检察机关维护自己的合法权益,通过刑法规制乙的行为。

法律依据

《民法典》第四百六十一条　占有的不动产或者动产毁损、灭失,该不动产或者动产的权利人请求赔偿的,占有人应当将因毁损、灭失取得的保险金、赔偿金或者补偿金等返还给权利人;权利人的损害未得到足够弥补的,恶意占有人还应当赔偿损失。

后　记

　　为配合《民法典》宣传教育，我们编写了《民法典走近你我他》丛书。本书采用以案说法的形式展现《民法典》的主要内容，在案例选择方面，主要遵循以下原则：第一，突出新规范，即突出《民法典》的新增内容；第二，关注新问题，对新的社会关系如何适用法律进行以案说法，体现法治的时代需求；第三，贴近民生需求，即以公众生活中常见的法律问题为说法对象，实现法治的实践需求。

　　安徽人民出版社同志为本书的策划出版付出了艰辛的努力并精心组织了选题论证会；安徽省委宣传部、省委政法委、省人大、省人民检察院、省公安厅、省司法厅相关处室领导和安徽大学专家出席本书的论证会并提出了许多宝贵意见；安徽省法学会、省律师协会为本书的策划出版倾心尽力，在此一并表示由衷感谢。

安徽省律师协会组织了20余名有着丰富法治实务经验的律师为本书录制了视频说案内容，创新了法治宣传的新路径。

本书文字部分由合肥工业大学、安徽省社科院组稿，撰稿人（按姓氏笔画排序）：马志、于明海、王博元、叶定康、成东升、江海、刘新如、吴晓曼、张逸飞、何琪、周伟、陈策、胡友东、高笑笑、黄青锋、曹树青、盛钧俣、曾成敏、解丽、廖振妤。吴椒军、曹树青负责统稿。